기업과 기업가 정신
우리 사회를 발전시켜요

생각학교 초등 경제 교과서 ❷ 기업과 기업가 정신 개정판

초판 1쇄 발행   2011년 1월 10일
개정판 1쇄 발행 2021년 11월 10일

지은이 김상규
발행인 박효상
편집장 김 현
편집 김설아 하나래
디자인 이연진 **표지·본문 디자인·조판** 허은정
마케팅 이태호 이전희
관리 김태옥

종이 월드페이퍼 **인쇄·제본** 예림인쇄·바인딩 **출판등록** 제10-1835호
펴낸 곳 사람in | **주소** 04034 서울시 마포구 양화로11길 14-10(서교동) 3F
전화 02) 338-3555(ft) **팩스** 02) 338-3545 | **E-mail** saramin@netsgo.com
Website www.saramin.com

책값은 뒤표지에 있습니다.
파본은 바꾸어 드립니다.

ⓒ 김상규 2021

ISBN 978-89-6049-916-4 74320
     978-89-6049-914-0 (set)

초등 경제 교과서

김상규 교수(경제학 박사) 글

2

기업과 기업가 정신 우리 사회를 발전시켜요

일러두기 생각학교 초등 경제 교과서는?

❶ 『생각학교 초등 경제 교과서』는?
기획한 의도가 무엇인지를 보여 준다.

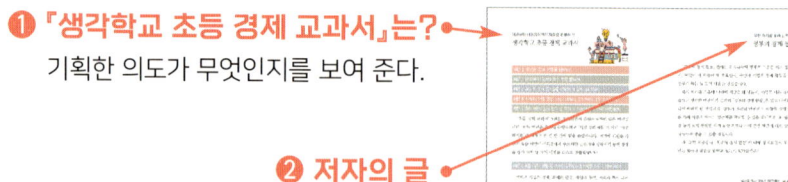

❷ 저자의 글
저자가 어떤 생각을 가지고 이 한 권의 책 속에 경제 이야기를 풀어냈는지 보여 준다.

❸ 주제 소개
이 장에서 어떤 내용을 배울지, 이 주제는 우리 생활에서 어떤 부분과 관련이 있는지 잠깐 생각할 시간을 갖게 한다.

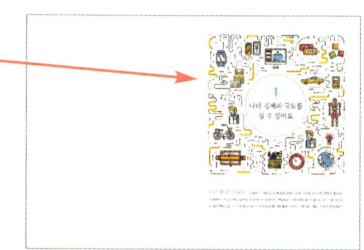

❹ 경제 동화
우리 생활 속에서 있을 법한 경제 관련 이야기들을 동화로 구성했다. 그림 동화로 흥미를 유발하여 학습 동기를 갖게 한다.

❺ 경제 이야기
동화 속에는 어떤 경제이야기가 담겼는지 풀어주면서, 각 장에서 다루려는 주제를 짚어 준다.

❻ 그래프
필요한 경우 그래프를 이용해 교과서나 신문 속에서 경제를 읽어내는 법을 배운다.

❼ 세상 속으로
신문, 방송, 일상 생활 속에서 접하는 이야기들 중에 각 주제와 연결된 경제 이야기를 풀어낸다. 시사, 역사, 지리, 윤리적인 문제까지 함께 다루도록 했다.

❽ 사진
눈으로 확인 할 수 있는 다양한 사진을 활용했다.

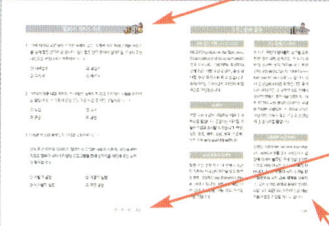

❾ 경제가 보이는 퀴즈
본문에서 다룬 주제를 다시 한 번 정리해 볼 수 있도록 구성했다.

❿ 정답
퀴즈의 정답은 뒤집어 표기했다.

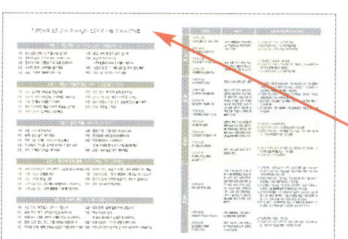

⓫ 쏙쏙! 경제 용어
본문에서 다룬 주제들 중 중요한 경제 용어들을 다시 한번 정리했다.

⓬ 찾아보기
알고 싶은 주제들을 빨리 찾아볼 수 있도록 해당 용어가 나오는 페이지를 표시하였다.

⓭ 관련 교과 연계표
권에서 다룬 주제들이 교과서와 어떻게 연계되는지 해당 학년과 단원을 제시하였다.

차례 생각학교 초등 경제 교과서 2권

1. 물건과 서비스를 만들어요
   생산 ----- 11

2. 적은 비용으로 큰 성과를 거두어요
   생산성 ----- 21

3. 언제나 이익을 추구해요
   기업 ----- 33

4. 일을 나누어 효율을 높여요
   분업과 전문화 ----- 45

5. 도전하고 모험해요
   기업가 정신 ----- 55

6. 한 가지 일에 몰두해요
   장인 정신 ---------------------- **65**

7. 제품의 가치를 높여요
   브랜드와 광고 ------------------ **75**

8. 생활의 질이 높아져요
   경제 성장과 기술 진보 ---------- **85**

9. 신용을 지켜요
   신용 ---------------------------- **95**

쏙쏙! 경제 용어 ------------------- **104**

찾아보기 ----------------------------- **108**

『생각학교 초등 경제 교과서』와 초등학교
사회 교과서 연계표 ---------------- **110**

개념부터 배경지식까지 재미있게 풀어 쓴
생각학교 초등 경제 교과서

> 미션 1 생생한 경제 현장을 담아라!

> 미션 2 알짜배기 경제지식을 쏙쏙 뽑아라!

> 미션 3 뉴스 속 경제 용어들을 이해하기 쉽게 정리하라!

> 미션 4 가계와 기업, 정부 그리고 세계의 경제까지 모두 파헤쳐라!

> 미션 5 우리 어린이들이 살아 갈 무대인 미래의 경제까지 예측하라!

『생각학교 초등 경제 교과서』 5권을 기획하면서 출판사로부터 받은 미션입니다. 모든 미션을 충실히 수행하려고 '미션 임파서블'이 아닌 '미션 파서블'을 외치며 한 권 한 권에 힘을 쏟았습니다. 여기에 집필을 하면서 요즘 어린이 여러분에게 중요해진 글쓰기와 생각하기 능력 향상을 돕기 위해 한 가지 미션을 스스로 덧붙였습니다.

> 미션 6 동화·역사·생활 속 사례로 응용력과 창의력을 기를 수 있게 하라!

가계와 기업의 경제, 화폐와 금융, 세금과 무역, 저축과 투자 그리고 국제 사회의 경제까지.『생각학교 초등 경제 교과서』에는 어린이들이 꼭 알아야 할 경제에 대한 지식들을 생생한 경제 현장과 함께 담았습니다.

우리 사회를 발전시켜요
기업과 기업가 정신

　『기업과 기업가 정신』편에는 물건과 서비스를 만드는 생산, 그리고 생산의 주체인 기업의 경제 이야기를 가득 담았습니다. 물건과 서비스는 어떤 곳에서 어떻게 만들어지는지, 어떤 사람들이 어떤 생각을 가지고 만들고 있는지, 또 상품 판매에서 브랜드와 광고는 어떤 역할을 하는지 등을 이야기합니다. 그리고 마지막 장에서는 개인, 기업, 국가 모두에게 중요한 신용 이야기를 덧붙였습니다.

　슈퍼마켓에서 과자를 고르거나 피자를 배달해 먹고 서점에서 책을 고를 때 이 물건들과 서비스를 만든 사람들에 대해 궁금한 적이 있었을 거예요.『기업과 기업가 정신』을 읽고 나면, 이런 궁금증에 대한 대답들을 찾을 수 있을 겁니다.

　자, 그럼 지금부터 '기업과 기업가 정신'에 대해서 함께 생각해 볼까요?

달구벌 대구교육대학교에서
김상규

1
물건과 서비스를 만들어요

생산 여러분은 필요한 물건을 어떻게 마련하나요? 직접 만들어 쓰면 좋겠지만 그러기에 우리는 너무 바쁘고 필요한 물건도 너무 많아요. 학용품, 텔레비전, 컴퓨터, 과일, 채소 등 우리 생활에 필요한 물건들을 만들고 가꾸는 사람들은 따로 있어요. 이렇게 우리 생활에 필요한 물건을 만들어 내는 '생산' 의 세계로 좀 더 들어가 볼까요?

빵의 여행

"야, 빵이다! 엄마, 이 빵 제가 먹어도 되죠?"

예슬이는 한자리에서 빵을 세 개나 먹어 치웠습니다. 배가 불러오니 예슬이는 갑자기 궁금한 것이 생겼어요.

"엄마, 빵은 어떻게 만들어져요?"

"응, 빵은 보통 밀가루로 만든단다. 밀가루는 농부들이 밭을 갈아 밀알을 뿌려 싹을 틔우고, 잘 자라도록 비료와 물 등을 주고 잡초를 뽑아 주면서 정성스럽게 가꾸지."

"밀이 다 익으면요?"

"농부들이 베어 낸 밀 이삭에서 낟알을 떨어내는 탈곡 과정을 거

쳐 포대에 담겨 창고로 옮겨지지. 그 후에 트럭이나 기차, 배 등을 타고 제분소로 옮긴단다."

"제분소요?"

"제분소는 밀 포대에 든 낟알을 찧어서 밀가루로 만드는 곳이야. 빻은 밀가루는 여러 차례 체로 쳐서 거르는데, 가장 부드럽게 잘 빻아진 밀가루가 빵의 원료가 된단다."

"그게 빵은 아니잖아요."

"아니지. 빵을 만들려면 아직 멀었어. 밀가루로 제일 먼저 반죽을 해야겠지? 그런 다음 빵의 재료들을 섞는단다. 이스트와 버터, 설탕과 물을 잘 섞어야 해. 반죽의 상태와 재료의 비율에 따라 빵 맛은 달

라진단다. 그렇게 반죽이 끝나면 모양을 만들어 오븐 속에 넣고 굽는 거지."

"야, 맛있겠다. 그런데 그 빵들은 아직 공장에 있는 거지요?"

"그렇지. 배달 과정을 거쳐야 우리가 빵을 먹을 수 있지. 공장에서 슈퍼마켓이나 대형 마트, 동네 식품점으로 빵이 배달되는 거지."

"아, 그렇구나. 근데 엄마, 오늘 먹은 꽃잎 빵이 참 맛있었어요. 이 빵은 처음 먹어 보는 것 같아요."

"응, 새로 나왔다고 해서 한번 사 봤지. 마음에 드나 보구나."

"네, 달콤해요. 매번 새로운 빵이 나오니까 먹는 재미가 쏠쏠해요, 헤헤."

"빵을 만드는 사람들이 계속 연구하고 노력하는 덕분이지."

"근데 열심히 만들어도 빵이 저절로 팔리지는 않겠죠?"

"물론이지. 그래서 빵 회사들이 자기 빵을 알리기 위해 광고도 만들고 새로운 이름도 붙이는 거란다."

예슬이는 갑자기 빵 맛이 복잡해지는 기분이 들었어요. 많은 사람들의 수고와 복잡한 빵 만드는 과정이 떠올라서였겠지요?

경제 이야기 생산이란?

아직 동이 트기 전인데도 농부들이 들판에서 곡식을 가꾸느라 구슬땀을 흘립니다. 어부들은 벌써 고기잡이 도구를 챙겨 바다로 나갈 준비를 마쳤지요. 산촌 사람들은 나무를 베고 산나물을 캐면서 오늘 하루를 바쁘게 보내야 합니다. 도시 사람들은 공장이나 회사 또는 각자의 가게에 나가 최선을 다해 일합니다. 빵이 만들어지는 복잡한 과정에서 수많은 사람들이 자기가 맡은 일을 열심히 해내고 있는 것처럼요.

이처럼 우리 사회 곳곳에서 사람들은 열심히 일을 하고 있어요. 살아가는 데 필요한 돈을 벌고 일하는 즐거움과 행복을 누리면서 각자의 일터에서 물건과 서비스를 만들어 내고 있지요. 경제에서는 우리에게 필요한 물건을 '재화', 눈에 보이는 물건은 아니지만 우리가 이용하는 서비스를 '용역'이라고 부릅니다.

모든 재화와 용역은 우리들의 욕구를 채워 주기 위한 것이에요. 이렇게 생활에 필요한 욕구를 채워 주는 물건과 서비스를 만드는 사람들의 활동을 '생산'이라고 말합니다. 오늘날 대부분의 사람들은 공장에서 물건을 만들면서 직접 생산 활동을 하기도 하고, 은행·병원·방송국 등에서 일하면서 간접적으로 생산 활동에 참여하기도 합니다.

생산의 3요소

노동 사람들이 일을 하는 것입니다. 몸을 써서 물건을 옮기는 일, 머리를 써서 실험실에서 연구하는 일 등이 모두 노동입니다.

토지 공장을 세울 땅, 농사지을 땅, 양식장을 만들 바다가 모두 토지입니다. 실제 땅뿐만 아니라 생산에 도움을 줄 수 있는 모든 천연자원이 토지에 해당해요.

자본 생산을 할 때 필요한 돈을 말합니다. 기계를 사는 시설 구입비, 일하는 사람들에게 줄 임금 등이 모두 자본에 해당합니다.

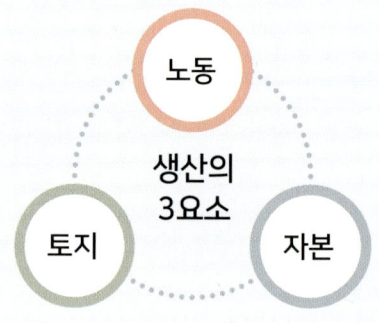

생산에도 종류가 있어요. 크게 세 가지로 나눌 수 있답니다.

1차 생산은 자연에서 직접 얻는 활동이에요. 농사를 지어 곡식을 얻는 것, 물고기를 잡는 것, 땅 속에서 지하자원을 캐는 일들이지요.

2차 생산은 자연에서 얻은 것을 이용해 공장에서 다시 다른 제품으로 만들어 내는 활동이에요. 사과로 과일 주스를 만드는 것, 생선으로 통조림을 만드는 것이 2차 생산입니다.

3차 생산은 물건을 직접 만드는 것이 아니라, 사람들을 만족시키는 서비스를 제공하는 활동들이에요. 만들어진 물건을 팔거나 운반하는 일, 텔레비전 프로그램을 만드는 일, 아픈 사람을 치료해 주는 일 등

을 말합니다.

그렇다면 사람들은 왜 생산 활동을 하는 것일까요? 바로 일해서 번 돈, 소득을 얻기 위해서예요. 소득으로 우리는 생활에 필요한 것들을 얻습니다. 맛있고 영양가 높은 음식, 예쁜 옷, 안락한 집을 얻기 위해 생산 활동을 하는 것이지요. 생산 활동은 정말 중요한 일이지요?

세상 속으로 농업 혁명이 생산의 방식을 바꾸었어요

아프리카 에티오피아라는 나라에서 발견된 여성의 뼈에 대해 들어 보았나요? 약 400만 년 전에 살았던 여성의 화석으로, 학자들은 이 화석을 가장 오래된 인류의 흔적이라고 보고 있답니다. '루시'라는 이름의 이 여성은 살아 있을 당시에는 약 1미터 20센티미터의 키에, 몸무게는 약 26킬로그램에 불과한 작은 체구였을 것이라고 해요.

루시가 살던 무렵에 인류는 혹독한 환경과 싸우면서 생명을 유지했어요. 야생의 짐승을 사냥하고, 물고기나 조개 등을 잡아먹고, 풀이나 열매를 주워 먹으면서 살았답니다. 먹을 것을 생산하기보다는 자연에 있는 것을 그냥 찾아 먹은 것이에요.

그런데 약 1만 년 전에 갑자기 큰 변화가 일어나게 됩니다. 그 무렵 지구는 표면의 4분의 1이 얼음으로 덮여 있었고, 평균 기온이 지금보

다 15도나 낮았어요. 이때를 빙하기라고 부르는데, 이 빙하기가 끝나면서 자연환경은 다시 크게 변했어요.

지구의 기온이 점점 따뜻해지고 땅은 더욱 메말라서 사냥과 식물 채집이 어려워졌어요. 먹고살 식량을 얻기가 어려워진 건조 지역에서 사람들은 혹독한 환경을 이겨 내기 위해 숲과 들판을 불태워 '밭'을 만들었어요. 그리고 그 밭에다 주위에서 자라는 야생 보리와 조 등의 씨를 뿌려 재배하기 시작했어요. 약 1만 년 전 지금의 터키 주변에서 일어난 일이에요.

인류가 처음으로 농사를 짓기 시작했던 이 시기를 우리는 '신석기 시대'라고 부릅니다. 그때만 해도 사람들은 쇠를 다룰 줄 몰라 돌을 갈아서 도구를 만들었어요. 농사를 짓기 시작하면서 사람들의 생활 방식에는 큰 변화가 일어났어요. 먹을 것을 찾아 이동해 다니던 사람들이 한곳에 모여 살기 시작했고, 말·소·염소·양·돼지를 가축으로 길렀어요. 소를 이용해 밭을 갈기도 했고요.

이렇게 인류의 생활을 크게 바꾸어 놓은 일을 '신석기 혁명' 또는 '농업 혁명'이라고 부릅니다. 먹을 것을 찾지 못해 큰 위기를 맞았던 건조 지역 사람들이 자연을 이용해 밭을 만들고 농사를 짓기 시작한 변화는 '혁명'이라고 부를 만한 커다란 사건이었던 것이지요. 농업 혁명으로 사람들은 '농사'라는 생산 방식을 터득하여 인류 전체를 위기에서 구한 셈이에요.

경제가 보이는 퀴즈

1. 밀을 재배해서 탈곡하고 밀알을 빻아 밀가루를 만들고, 공장에서 재료를 섞고 반죽하여 오븐에 쪄 빵을 만드는 과정을 무엇이라고 할까요? (   )

    ① 소비 과정

    ② 분배 과정

    ③ 유통 과정

    ④ 생산 과정

2. 다음 중 생산 활동과 관련이 없는 것은 어느 것일까요? (   )

    ① 농부가 밀을 재배하는 일

    ② 어부가 고기를 잡는 일

    ③ 정부가 기업들의 공해를 규제하는 일

    ④ 근로자가 텔레비전을 만드는 일

3. 다음 중 생산의 세 가지 요소가 아닌 것은 어느 것일까요? (   )

    ① 토지

    ② 광고

    ③ 노동

    ④ 자본

정답 1.④ 2.③ 3.②

2
적은 비용으로 큰 성과를 거두어요

생산성 쌀 다섯 가마를 거두던 논에서 일곱 가마를 거두게 된다면 어떨까요? 한 번에 고기를 200마리 잡던 어부가 300마리를 잡을 수 있게 된다면요? 하루에 운동화를 500켤레 만들던 공장에서 1,000켤레를 만들 수 있게 된다면요? 농부도 어부도 공장 주인도 정말 신이 나겠지요? 사람들은 이 마술 같은 일을 실제로 해내기 위해 열심히 노력하고 있답니다.

뾰족 섬 어부의 지혜

　육지에서 멀리 떨어진 뾰족 섬과 납작 섬이 있었어요. 두 섬에는 물고기를 잡아 먹고사는 어부가 각각 살고 있었고요. 두 어부는 세찬 파도 소리와 갈매기 노랫소리를 벗 삼아 물고기를 잡아 팔았지요.
　어느 날, 납작 섬 어부에게 한 가지 고민이 생겼어요. 납작 섬 어부는 밥을 먹을 때나 잠을 잘 때나 심지어는 뒷간에 갈 때조차 깊은 생각에 잠겨 지냈어요.
　'어떻게 하면 물고기를 싱싱하게 뭍으로 가져갈 수 있을까?'
　뭍에 사는 사람들은 싱싱한 물고기를 사고 싶어 했어요. 하지만 금방 잡았을 때는 펄펄 뛰던 물고기들이 뭍에 도착할 때쯤에는 이미 반은 죽어 있었지요.
　다음 날도 납작 섬 어부는 물고기를 팔러 뭍으로 갔어요.
　"자, 맛 좋은 물고기가 왔어요. 어서 와서 물고기를 사 가세요."
　"뭐야? 하나도 싱싱하질 않군. 역시 물고기는 뾰족 섬 어부네 물고기가 싱싱해. 다 팔리기 전에 어서 가서 사야지."

손님의 말을 들은 납작 섬 어부는 깜짝 놀랐어요.

'뭐? 뾰족 섬 어부네 물고기가 싱싱하다고? 뾰족 섬이라면 우리 섬보다도 뭍에서 더 먼데 어떻게 싱싱한 물고기를 가져올 수 있지?'

납작 섬 어부는 당장 뾰족 섬 어부를 찾아갔어요. 뾰족 섬 어부는 물고기들을 커다란 어항에 넣어 두고 팔고 있었어요. 모두들 어찌나 날쌔게 돌아다니는지 방금 잡은 것처럼 싱싱해 보였어요.

"여보게, 뾰족 섬 어부! 자네는 나보다 더 먼 섬에서 물고기를 잡아 오는데 어쩌면 이리도 싱싱한가? 무슨 비결이라도 있는가?"

"비결은 무슨……. 다만 어항 안에 커다란 물고기를 한 놈 넣어 내가 잡은 물고기를 잡아먹게 하지."

"아니, 그게 무슨 소린가? 그럼 애써 잡은 물고기들이 다 잡아먹힐 게 아닌가?"

납작 섬 어부가 의아한 듯이 되물었어요.

"물론 몇 마리야 잡아먹히지. 하지만 나머지 물고기들은 잡아먹히지 않으려고 날쌔게 도망을 다닌다네. 그러다 보니 뭍에 닿을 때까지 여전히 날쌔고 싱싱한 거지."

납작 섬 어부는 무릎을 탁 쳤어요.

그날 이후 납작 섬 어부도 싱싱한 물고기를 뭍으로 가져올 수 있게 되었어요. 이제 납작 섬 어부의 고민은 끝이 났답니다.

경제 이야기 　생산성이란?

뾰족 섬 어부의 지혜가 대단하지요? 뾰족 섬 어부는 물고기 몇 마리를 잃는 대신 나머지 물고기들을 싱싱하게 유지해 비싸게 팔 수 있었어요. 작은 노력이나 비용을 들여 큰 것을 얻는 것은 누구나 바라는 일이에요. 하지만 쉽지 않답니다.

우리 속담에 "보리 밥알로 잉어 낚는다"라는 말이 있어요. 보리 밥알 몇 개를 낚시 바늘에 꿰어 강물에 던져 두면 미끼를 따 먹으려고 커다란 잉어가 걸려든대요. 그래서 작은 것으로 큰 것을 얻는 일을 빗대 "보리 밥알로 잉어 낚는다"고 합니다.

보리 밥알로 잉어를 낚을 때는 보리 밥알이 적게 들어갈수록, 잡힌 잉어가 클수록 이익이 많아요. 이렇게 작은 것을 들여 큰 이익을 얻는 것을 '생산성을 높인다'라고 해요. 남보다 잉어를 더 많이 잡아서 생산성을 높이려면 무엇이 필요할까요? 낚싯대를 많이 가지고 있고, 낚싯대를 잘 다룰 수 있는 기술을 훈련받고, 잉어가 많은 곳에 자리를 잡고, 잉어가 잘 다니는 길목을 알고 있어야겠지요?

맞아요. 생산성을 높이려면 우선 연장이나 시설이 좋아야 해요. 잘 드는 톱을 가진 목수가 무딘 톱을 가진 목수보다 더 빨리 더 좋은 가구를 많이 만들 수 있지요. 또 시원하고 깨끗한 공장에서 일하는 사람이 답답하고 더러운 공장에서 일하는 사람보다 일에 더 집중할 수 있으니 일도 더 잘할 수 있을 거예요.

둘째로는 일꾼들이 많이 배우고 경험이 많아야 합니다. 광부 아저씨가 석탄 캐는 방법에 대해 잘 알고 경험도 많다면 똑같은 시간 안에 더 많은 석탄을 캘 수 있지 않겠어요?

셋째로는 자연환경이 중요합니다. 한 나라의 생산성이 높아지려면 넓은 토지와 풍부한 자원이 꼭 필요하답니다. 우리나라보다 훨씬 역사가 짧은 미국이 부유해질 수 있었던 데에는 넓은 땅이 큰 역할을 했어요. 중동의 쿠웨이트나 사우디아라비아도 땅속에 석유가 많이 묻혀 있어 큰 부자 나라가 되었지요.

넷째로는 필요한 지식이나 정보를 많이 알고 또 앞선 기술을 갖추어야 합니다. 천연자원이 아무리 풍부해도 그 자원을 활용하는 방법을 잘 모르거나 기술이 뒤처져 가난한 나라들도 많거든요. 예를 들어, 농사짓는 기술이 앞서면 열 명이 지어야 하는 농사를 세 명이 지을 수 있어요. 그러면 나머지 일곱 명은 다른 일을 할 수 있지요. 다리를 놓거나 소를 기를 수도 있어요. 그만큼 할 수 있는 일이 많아져 부자가 되는 거예요.

생산성이 높은 나라는 부자 나라가 되고 국민들도 잘살게 됩니다. 그래서 기업이나 나라에서는 어떻게 하면 생산성을 더 높일 수 있을까 늘 연구한답니다.

세상 속으로   제4차 산업혁명과 인공지능

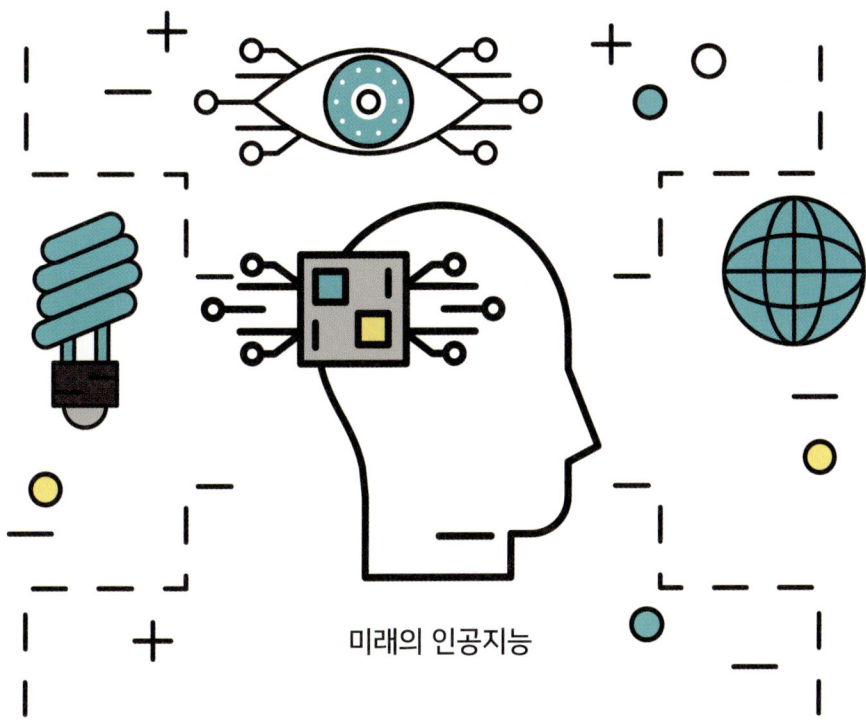

미래의 인공지능

  제4차 산업혁명은 인공지능(AI)·사물인터넷·모바일 등 첨단 정보통신기술이 여러 분야의 신기술과 결합되어 혁신적인 변화가 나타나는 차세대 산업혁명을 의미해요. 이 용어는 세계경제포럼의 창시자 중 한 사람인 클라우스 슈바브(Klaus Schwab)가 처음으로 사용했어요. 그는 2015년에 미국에서 가장 영향력이 있는 〈포린 어페어〉라는 잡지에 발표한 글에서 '제4차 산업혁명'이라는 말을 처음 사용했어요. 제4차 산업혁명은 기계학습과 인공지능의 발달이 주요 수단으로 꼽혀요.

인공지능(AI, Artificial Intelligence)이 뭐냐고요? 이것은 인간이 가진 지적 능력을 컴퓨터 시스템으로 쌓아 올려 만드는 기술이에요. 이 인공지능은 강한 인공지능(Strong AI)과 약한 인공지능(Weak AI)으로 구분할 수 있어요. 강한 인공지능은 사람처럼 감정을 가지고 사리판단을 할 수 있는 인간과 비슷한 객체로서의 인공지능이지요. 또 약한 인공지능은 특정 기능만을 대체하는 부분적 인공지능으로, 인간의 한계를 보완하고 생산성을 높이기 위해 활용됩니다. 인공지능 바둑 프로그램인 알파고(AlphaGo)나 의료분야에 사용되는 왓슨(Watson) 등이 있습니다.

왜 인공지능이 중요하냐고요? 그 이유는 18세기 산업혁명 수준이나 그 이상의 생산 효율 증가가 예상되기 때문이에요. 과거 기계 한 대가 노동자 수백 명을 대체했듯이 이번에는 프로그램 하나, 컴퓨터 한 대가 수백 명, 또는 수십만 명의 전문 인력을 대체할 수 있게 됐어요. 세계가 인터넷으로 연결되면서 지식을 쌓거나 사물을 바르게 판단하는 능력의 변화가 공장과 제품에서도 크게 나타나고 있어요.

인공지능 기술은 우리들의 생활에서 널리 활용되고 있어요. 우리가 매일 사용하는 스마트폰에도 인공지능 기술이 들어있어요. 카메라의 초점을 자동으로 잡아주는 '얼굴인식' 기능과 애플 시리(Siri)와 같은 '음성인식' 기능도 인공지능 기술이에요. 인터넷 검색을 할 때 자동으로 추천 검색어를 띄워 주는 것도, 유튜브에서 외국 영상을 보면 자동으로 자막이 생성되는 것도 마찬가지예요. 구글은 인공지능을 이용해 사람 없이 스스로 운전할 수 있는 차량인 자율주행차를 개발해 실제 활용을 눈앞에 두고 있어요.

이미지 인식 기술은 과학 분야에서 다양하게 응용되고 있어요. 천문학에서는 무인탐사선이 촬영한 원거리 행성이나 다른 천체 사진의 해상도를 높이는 데 이 기술을 사용해요. 물건이나 사람을 알아보는 능력을 갖춘 로봇 장치도 있어요. 산업용 로봇들은 주로 완성된 제품을 검사하고 분류하는 작업에 사용되고 있어요.

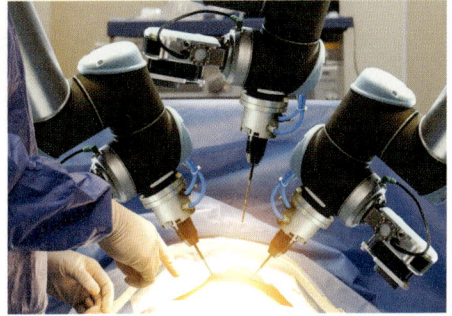

인공지능은 계속 큰 성과를 나타내고 있어요. 의료 분야와 금융 분야가 대표적 예들이지요. 의료 분야에서는 X-레이·CT·MRI 등 메디컬 이미지를 인공지능을 이용해 자동 분석하는 산업이 크게 성공한 분야지요. 미래엔 간단한 진료 역시 방대한 의학 데이터를 기반으로 한 인공지능이 해결해 줄 전망이에요. 금융 분야에서는 사람이 주식 변동 그래프를 보고 투자를 판단하는 것이 아니라 인공지능이 다양한 자료들을 직접 숫자로 받아들여 투자를 판단하는 알고리즘이 각광받고 있어요. 알고리즘(algorithm)은 수학과 컴퓨터 과학, 언어학 또는 관련 분야에서 어떠한 문제를 해결하기 위해 정해진 일련의 절차나 방법을 공식화한 형태로 표현한 것, 계산을 실행하기 위한 단계적 절차를 의미해요.

앞으로는 수많은 영역에서 사람이 직접 하는 일을 인공지능의 자동 알고리즘이 대신 하게 될 거예요. 영국방송공사(BBC)는 앞으로 없어지거나 줄어들 직업들에 대해 위험이 큰 순서로, 텔레마케터, (컴퓨터)입력 요원, 법률비서, 경리, 분류업무, 검표원, 판매원, 회계 관리자, 회계사, 보험사, 은행원 등이라고 발표했어요. 인공지능(AI)이 인간의 능력을 뛰어넘는 사례가 나오고 머지않아 단순노동은 물론 의사와 변호사 같은 전문직 업무의 상당 부분도 대체할 전망이에요.

인공지능 기술 앞에 인간은 무엇으로 맞설 수 있을까요? 전문가들은 인간만이 가지고 있는 공감능력, 창의적 상상력, 철학적 사고력 등을 최대로 높이는 것이 무엇보다 중요하다고 강조해요. 인공지능에 맞설 수 있는 인간 고유의 능력을 키울 수 있는 방법은 어떤 것일까요? 기계가 인간을 닮아가고 있는 시대에 '인간다움'이란 무엇일지를 함께 찾아보지 않을래요?

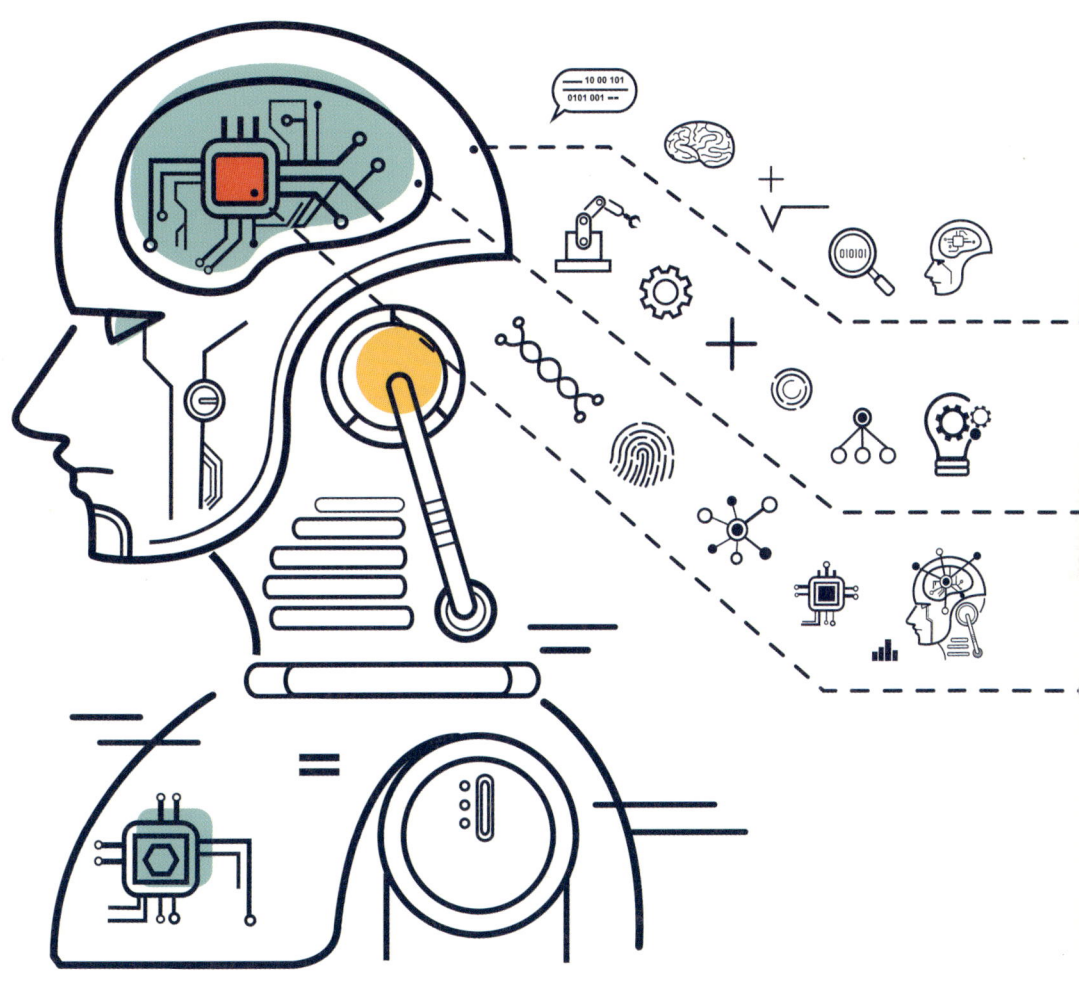

경제가 보이는 퀴즈

1. 오늘날에는 기계를 이용해 농사를 지음으로써 농작물을 훨씬 더 많이 수확하게 되었습니다. 이 말의 의미와 가장 가까운 것은 어느 것일까요? (   )

    ① 더 많은 자본재를 사용하여 생산량이 늘어났다.
    ② 더 많은 노동력을 활용하여 생산량이 늘어났다.
    ③ 더 많은 종류의 작물을 심어서 생산량이 늘어났다.
    ④ 일을 하는 시간이 더 많아져서 생산량이 늘어났다.

2. 이삿짐 트럭 운전사가 돈을 받고 이사 물건을 운반해 주는 활동을 무엇이라고 할까요? (   )

    ① 소비   ② 생산
    ③ 투자   ④ 교환

3. 농사를 짓거나 고기를 잡거나 공장에서 물건을 만들 경우 생산성을 높이는 것은 중요합니다. 이것과 관련이 가장 적은 것은 무엇일까요? (   )

    ① 좋은 연장이나 시설을 갖춘다.
    ② 일꾼들에게 교육과 훈련을 시킨다.
    ③ 자원을 풍부하게 보유한다.
    ④ 옛날부터 해 온 전통 방식만을 고집한다.

정답 1.① 2.② 3.④

3
언제나 이익을 추구해요

기업 사람은 일정한 나이가 되면 보통 일을 합니다. 농사를 짓거나 가게를 열어 혼자 자기 일을 하는 경우도 있지만 대부분은 회사에 다녀요. 회사에서 돈을 버는 것이지요. 그렇다면 회사는 사람들에게 돈을 주기 위해 생긴 것일까요? 회사가 왜 생겼고, 회사에서는 어떤 일을 하는지 지금부터 살펴볼까요?

보오의 파리채

어느 마을에 보오라는 쥐 한 마리가 있었어요. 보오는 돈을 많이 벌어 부자가 되는 게 꿈이었어요. 돈을 벌기 위해 보오는 장사를 하고 싶었지만 무엇을 팔아야 할지 알 수가 없었어요. 보오는 이웃의 황소를 먼저 찾아갔어요.
"황소 아저씨, 제가 장사를 하려는데 무엇을 팔면 좋을까요?"
"뭐라고? 에이 이놈의 파리들이 윙윙거려 하나도 안 들린다."

"제가 장사를 할까 한다고요!"

"아 몰라. 파리 때문에 성가셔 죽겠다. 너도 그만 가 봐라."

그때 우아한 공작새 청년이 아름다운 깃털을 뽐내며 걸어왔어요.

"안녕, 공작새야? 내가 장사를 할까 하는데, 너 뭐 필요한 거 없니? 사고 싶은 거 말이야."

"난 아무것도 필요 없어. 내 아름다운 깃털만 봐도 배가 부르고 행복하단다. 너도 한번 볼래?"

"어 그런데 저건 뭐야? 이상한 점이 붙어 있네."

보오가 공작새의 깃털에서 이상한 것을 발견했어요.

"뭐, 점? 그게 무슨 소리야. 꺅! 이놈의 쇠파리들. 내가 미쳐. 내 아름다운 깃털에……. 쇠똥이라니. 맙소사 맙소사!"

공작새 청년은 비명을 지르며 길로 달려갔어요.

정답을 찾지 못한 보오는 어깨가 축 늘어져 하염없이 걷다가 강가에서 물소 두 마리가 티격태격하고 있는 것을 발견했어요.

"물소들아, 왜 그러니?"

"보오야, 내 말 좀 들어 봐. 글쎄 파리떼가 극성이라 도무지 물을 마실 수가 없잖아. 그래서 서로 물을 마시는 동안 파리떼를 쫓아 주기로 했거든. 그런데 이 녀석이 보라는 파리떼는 안 보고 딴짓만 하지 뭐야."

"아니야. 이 녀석이 자기는 배가 터지도록 물을 마시고는 이제 내 차례가 되니까 생트집을 잡는 거라고."

"아니, 뭐야? 해 보자는 거야?"

성이 난 물소들은 머리를 맞대고 싸우기 시작했어요. 이때 보오에게 좋은 생각이 떠올랐어요.

'옳지, 모두들 파리떼 때문에 고생하고 있구나. 파리떼를 쫓을 수 있는 파리채를 만들자. 그럼 되겠다.'

보오는 다양한 파리채를 만들었어요. 성질 급한 황소를 위해서는 튼튼한 파리채를, 허영심 많은 공작새를 위해서는 화려한 장식을 단 파리채 등을 말이에요. 보오의 파리채는 금세 인기를 얻었고 보오는 파리채를 만드는 큰 회사를 차렸습니다. 일을 같이 할 동물도 뽑았어요. 파리채 회사는 점점 더 발전해 보오는 큰 부자가 되었습니다.

경제 이야기   기업이 하는 일은?

회사를 다른 말로 '기업'이라고 합니다. 사람들이 회사, 즉 기업을 만드는 이유는 돈을 벌기 위해서예요. 이윤을 얻기 위한 것이지요. 소비자의 기호에 맞추어 멋진 옷을 만들어 내는 일, 새로운 전자 제품을 생산해 내는 일, 새로운 자동차의 모델을 개발해 내는 일, 금융기관에서 다양한 금융 상품을 만들어 내는 일은 모두 기업들이 이윤을 얻기 위해 하는 행동이에요.

그렇지만 기업을 잘 운영하지 못한다면 이윤을 남기기는커녕 큰 손실을 입기도 하지요. 위험이 생길 때 얼마나 슬기롭게 대처하는지, 자원 그리고 직원들의 능력과 아이디어를 얼마나 잘 활용하느냐에 따라 기업의 이윤은 커지기도 하고 줄어들기도 합니다. 그러므로 기업은 모든 일을 신중하게 처리해야 합니다.

기업은 보통 세 가지로 나눌 수 있습니다.

첫째, 개인 기업입니다. 이름 그대로 한 사람이 돈을 내어 기업을 만들고 혼자 운영하는 거예요. 개인 기업에는 농촌의 농가, 이발소, 미용실, 소규모 식당, 세탁소, 문방구, 서점 등이 있습니다. 개인 기업은 이윤을 내면 모두 자기 차지가 되지만, 반대로 손해를 보면 그것 역시 모두 자기 책임이 된답니다.

둘째, 동업 기업이 있어요. 동업 기업은 두 사람 이상이 함께 돈을 내어 공동으로 일하고 공동으로 책임을 지는 기업 형태예요. 여러 의사가 공동으로 개업한 병원, 변호사들이 공동으로 영업하는 법률 회사, 공인 회계사들이 공동으로 운영하는 회계 법인 등을 동업 기업이라고 할 수 있어요. 우리나라에서 합명 회사나 유한 회사라고 불리는 기업들이 대부분 동업 기업입니다.

셋째, 회사 기업이 있습니다. 회사 기업은 개인 기업이나 동업 기업과는 다른 모습의 기업이에요. 보통 주식회사의 형태가 가장 많지요. 삼성전자(주), 현대자동차(주), (주)포스코, SK텔레콤(주) 등이 회사

기업이지요. 회사 이름 앞이나 뒤에 (주)가 붙는 것은 이들 회사가 주식회사라서예요. 주식회사는 수많은 사람들이 함께 돈을 모아 만든 회사입니다. 돈을 낸 사람들은 모두 자기가 낸 돈만큼 그 회사의 주식을 갖게 돼요. 주식을 가진 사람들을 '주주'라고 부르는데, 이 주주들이 모두 다 회사의 주인인 것이지요. 주주들은 회사에 이익이 발생하면 자신이 가진 주식 비율만큼 이익을 나누어 가지지요. 오늘날 회사 또는 기업이라고 할 때에는 대부분 회사 기업을 말합니다.

  기업들은 최대의 이윤을 얻는다는 목표를 이루기 위해 서로 치열하게 경쟁합니다. 경쟁에서 이기려면 상품의 질을 높이고, 싼 값에 소비자가 원하는 상품을 제때에 공급해 주는 순발력이 필요해요. 이윤을 높이기 위해 여러 가지를 새롭게 바꾸고 경쟁하면서 기업들은 더 많은 이윤을 얻고, 그 이윤을 통해 사회와 국가가 발전하게 됩니다.

세상 속으로 　이윤 추구를 위해 변신해요

'아마존닷컴(Amazon.com)'은 이익을 더 만들어내기 위해 새로운 변신을 해왔어요. 1994년 미국의 제프 베이조스가 직원 4명과 함께 베이조스 집 창고에서 온라인 서점으로 시작한 아마존닷컴은 창업 25년 만에 월마트가 50년 넘는 시간을 들인 끝에 시가총액 337억 달러에 도달한 것의 30배인 9400억 달러를 달성했습니다. 이리하여 아마존, 페이스북, 구글, 알리바바 등의 디지털 대기업들은 빠른 성장뿐만 아니라 현대인의 삶과 경험을 완전히 바꾸어 놓았어요.("세상에 없던 게임의 룰로 세계를 삼킨 '디지털 상어'들" 한국경제신문, 2021. 8. 20.).

1990년대 후반 온라인 쇼핑의 전 세계적 성장과 함께 DVD, CD, 장난감 및 게임, 전자제품, 가구, 귀금속 등을 비롯한 새로운 영역의 상품들을 추가하면서 판매 영역을 다양화했어요. 지속적인 확장이 이루어지는 가운데에도 회사는 온라인 판매에서 고객을 중심에 둔 혁신 서비스를 유지해 온 결과 2001년에 최초로 흑자 전환에 성공했습니다. 창립 후 불과 몇 년 만에 영국과 독일(1998), 프랑스와 일본(2000), 캐나다(2002), 중국(2004) 등 여러 나라에 해외 지사를 개설했어요. 샵밥닷컴, 앤드리스닷컴, 알렉사닷컴, 인터넷무비데이터베이스 등 다른 여러 온라인 사이트의 합병을 단행하고 새로운 서비스도 선보였어요.

아마존닷컴은 또한 커뮤니티 정보 포럼이라는 기능도 갖고 있습니다. 여기에서 이용자들은 개별 상품들에 대한 평가와 순위를 매길 수 있어요. 회사는 외부 판매업체들에게 그 웹사이트를 이용하여 자기 회사의 새로운 상품이나 중고 상품들을 팔 수 있는 기회를 제공했어요. 함께 하는 프로그램인 아마존닷컴의 어필리에이트 프로그램에 합류하여 추천을 통해 돈을 벌 수 있는 기회도 제공했지요. 2007년에는 휴대용 전자책 리더기인 '킨들'을 출시했어요. LCD 액정화면을 갖춘 이 리더기는 무료로 아마존닷컴 사이트에 무선 접속할 수 있는 기능이 탑재되어 있습니다. 이를 통해 독자들은 전자책·잡지·신문 등을 구매 및 다운로드를 할 수 있어요. 킨들의 후속 버전은 더욱 향상된 성능과 한층 다양해진 기능을 갖추었습니다.

창업자 제프 베이조스는 '10년 후에도 변하지 않는 고객가치는 무엇일까'라는 질문과 그에 대한 해답을 찾기 위해 열정을 쏟고 있습니다. 그가 생각하는 '변하지 않는 고객가치'란 '낮은 가격, 빠른 배송, 다양한 상품 구성'으로 요약할 수 있어요. 그는 고객가치를 극대화하기 위해 과감한 M&A 투자를 집행했어요. 2008~2018년 M&A 누적 투자 액수는 약 200억 달러였어요. 아마존은 홀푸드 인수로 리테일 상품 구성을 신선식품까지 확대했습니다. 2017년 6월 인수한 홀푸드(미국 오프라인 유기농 식품 판매점)의 인수 금액은 약 140억 달러로 지난 10년간 누적 M&A 투자액의 약 67%에 해당되는 수치예요. 제프 베이조스 아마존 CEO는 사용자 5500만 명을 보유한 게임 등 e스포츠 실시간 중계방송회사 트위치를 인수했어요. 아마존은 트위치를 인수하면서

게임 동영상을 시청하는 월간 이용자 5500만 명을 고스란히 얻었어요. 트위치는 게임 및 e스포츠 중계영상을 실시간으로 제공하면서 게임영상 스트리밍시장의 강자로 자랐습니다. 하루 평균 접속자 수만 7백만 명이며 1분당 접속자 수는 최대 수억 명에 이릅니다. 온라인 쇼핑몰부터 인공지능(AI)·로봇·클라우드·헬스케어·온라인 의약품 판매 등 광범위하게 사업을 확장했어요. 드디어 아마존은 온라인 플랫폼 서비스 사업으로 확장하여 2020년에 매출 약 3,860억 달러, 영업이익 약 229억 달러를 달성한 '빅테크' 기업으로 성장했습니다.

결국 '아마존닷컴은 고객에게 시간을 선물해 주는 곳'이라는 '고객중심주의' 이미지를 고개들에게 강하게 심어 주었습니다. 나아가 아마존닷컴은 거대한 상상력을 바탕으로 더 싸고, 더 편하고, 나보다 내 마음을 더 잘 알고 상품을 추천해 주는 기업 이미지를 심어 주어 많은 사람들이 아마존의 마력에 빠져들게 함으로써 회사의 가치가 하늘 높은 줄 모르고 치솟았습니다. 그 결과 아마존닷컴의 창업자이자 최고경영자(CEO) 베이조스는 1999년에 《타임》지의 올해의 인물로 선정됐고, 2017년에는 20여 년간 세계 제1의 부자였던 빌 게이츠를 제치고 세계 1위 부자 자리를 차지했고 계속 1위 자리를 유지하고 있습니다.

이렇게 볼 때 기업가의 기업가 정신에 입각한 창조적 자유와 혁신은 기업의 성공은 물론 사회국가 및 인류발전의 큰 계기가 됨을 알 수 있습니다.

경제가 보이는 퀴즈

1. 기업이 새로 상품을 생산하고 기술을 개발하며, 새로운 자원을 얻고 시장을 개척하는 등 계속 노력하는 이유는 다음 중 어느 것일까요? ( )

    ① 임금을 얻기 위해
    ② 이자를 얻기 위해
    ③ 이윤을 얻기 위해
    ④ 지대를 얻기 위해

2. 기업의 이윤 추구 활동과 가장 관계가 먼 것은 다음 중 어느 것일까요? ( )

    ① 금융 기관에서 다양한 금융 상품을 내놓는 것
    ② 수개월 단위로 새로운 전자 제품을 생산해 내는 일
    ③ 자동차 공장에서 계속 새로운 자동차 모델을 개발해 내는 일
    ④ 소비자의 기호보다는 생산자의 취향에 맞는 제품을 만들어 내는 일

3. 기업의 형태에 대한 설명 중 바르지 못한 것은 다음 중 어느 것일까요? ( )

    ① 농가, 미용실, 식당, 세탁소, 문방구, 서점 등은 개인 기업이다.
    ② 합명 회사나 유한 회사라고 불리는 기업들은 대부분 동업 기업이다.
    ③ 오늘날 회사 또는 기업이라고 할 때는 대체로 회사 기업을 말한다.
    ④ 오늘날 모든 기업은 주식회사이다.

정답 1.③ 2.④ 3.④

4
일을 나누어 효율을 높여요

분업과 전문화 식당에서 사람들이 일하는 모습을 상상해 보세요. 음식 재료를 손질하는 사람, 요리를 만드는 사람, 음식을 나르는 사람, 계산을 해 주는 사람 등 모두들 각자 자기 일을 하고 있어요. 왜 한 사람이 모든 일을 다 하지 않는 걸까요? 사람들이 일을 나누어 하는 데에는 특별한 이유가 있을까요?

못 공장의 새로운 변화

옛날 어느 곳에 못을 만드는 공장이 있었어요. 이 공장에서는 직공 열 명이 아침 일찍부터 저녁 늦게까지 열심히 못을 만들었답니다.

철사를 뽑아내는 일, 곧게 다듬는 일, 자르는 일, 끝을 뾰족하게 하기 위해 철사의 날을 내는 일, 못 머리를 만들기 위해 그 끝을 가는 일, 못을 하얗게 만드는 일, 그리고 포장하는 일……. 못이 완성되기까지는 자그마치 열여덟 가지 작업이 필요했어요.

직공들은 모두 그 열여덟 가지 작업을 각자 해야 했고요. 열 사람이 저마다 열여덟 가지 작업을 다 한 것이지요. 이들이 하루에 만드는 못은 각각 20개로, 모두 합치면 200개였습니다.

어느 날 못 공장에 공장장의 조카 스미스가 놀러 왔어요. 스미스는 사람들이 열심히 못을 만드는 모습을 보고 고개를 갸우뚱했어요.

'이상하다. 왜 사람들이 일을 나누

어 하지 않을까? 각자 따로따로 못을 끝까지 만드는 것보다 단계별로 일을 나누면 더 편할 텐데.'

스미스는 공장장에게 말했어요.

"삼촌, 일하는 방법을 바꾸어 보세요. 각자 따로 못을 만들지 말고, 한 사람이 한 단계씩 일을 나누어 맡아 하면 지금보다는 훨씬 능률이 오를 거예요."

"왜 그렇게 생각하는 거니?"

"철사를 뽑아내는 사람, 자르기만 하는 사람, 다듬는 사람이 각각 따로 있으면 사람들은 곧 한 가지 기술에 익숙해지잖아요. 그러면 일하는 시간도 줄어들고, 다른 단계의 일로 금방 넘어갈 수 있어요."

스미스의 말을 들은 공장장은 다

음 날 직공들을 불러 모았어요.

"자, 여러분! 오늘부터 일하는 방식을 바꾸어 봅시다. 철사를 뽑아내는 사람은 철사만 뽑아내고, 자르는 사람은 자르고, 곧게 다듬는 사람은 다듬기만 하세요. 일을 모두 나누어 하는 겁니다."

갑자기 일하는 방식을 바꾼다니 반갑지 않았지만 직공들은 공장장의 말을 따랐습니다. 그리고 며칠이 지났어요.

"이봐, 새 방법이 훨씬 편하지 않나? 한 가지 일만 하니까 더 집중이 잘 되네."

"맞아, 일하는 속도도 빨라져 못을 더 많이 만들게 되었어."

한 달 후, 못 공장의 생산량은 엄청나게 늘어났어요. 직공 열 사람이 하루에 못을 무려 4만 8,000개나 만들게 되었거든요. 공장은 웃음으로 가득 찼어요. 직공들의 월급이 올라간 것은 당연했겠지요?

경제 이야기 분업과 전문화의 효과는?

　못 공장 사람들은 혼자서 못을 처음부터 끝까지 만들기보다는 각자 잘하는 단계를 나누어 맡아 하면 훨씬 더 많은 못을 만들 수 있다는 사실을 알게 되었어요. 이렇게 물건을 만드는 과정을 여러 부분으로 나누어 자기 분야를 전문적으로 맡아 일하는 방식을 '분업'이라고 합니다. 분업을 통해 한 부분의 일만 집중해서 하다 보면 일이 점점 쉬워지고 잘하게 될 거예요. 그래서 자기가 맡은 부분에서 전문화를 이루게 되지요.

　분업은 크게 두 가지로 나눌 수 있습니다.

　첫째, 사회적 분업은 하나의 생산 부문을 개인 또는 집단이 전문적으로 담당하게 되는 것이지요. 예를 들면, 남자가 잘 만들 것 같은 물건은 남자가 만들고 여자가 만들기에 적합한 물건은 여자가 만드는 것이지요. 또는 원료의 생산지에 따라 생선이 많이 잡히는 동네에는 생선 공장을 세우고, 배추가 많이 나는 동네에서는 김치 공장을 세우는 식으로 일을 크게 나누는 것이 사회적 분업입니다.

둘째, 기술적 분업은 하나의 생산 과정을 여러 개로 나누어서 각각의 과정을 서로 다른 사람 또는 집단끼리 나누어서 맡아 하는 경우예요. 앞에서 본 못 공장의 일하는 방식이 기술적 분업이에요.

분업은 오늘날 경제 발전에 많은 영향을 끼쳤어요. 많은 사람들이 이용하는 자동차 공장을 예로 들어 볼까요? 만약 혼자서 자동차 한 대를 만들어야 했다면 일 년에 한 대도 생산하기 힘들었을 거예요. 혼자서 바퀴를 만들고 엔진을 깎아 조립한다고 생각해 보세요. 그러나 바

퀴를 다는 사람은 바퀴만, 문짝을 조립하는 사람은 문짝만 달게 되면서 하루에 수천, 수만 대의 자동차가 쏟아져 나오게 되었어요.

나라 사이에도 분업이 이루어지고 있어요. 사람들은 저마다 타고난 소질과 특성이 달라요. 나라마다 사람들도 차이가 있지요. 예를 들어, A나라 근로자 한 사람이 1년에 컴퓨터를 50대 생산할 수 있고, B나라 근로자는 10대밖에 생산하지 못한다고 생각해 보세요. A나라 근로자 한 사람은 1년에 옷 100벌을 만드는데, B나라 근로자는 50벌밖에 만들지 못한다고 하고요. 이때 컴퓨터 생산의 경우 A나라 근로자의 생산성은 B나라 근로자보다 다섯 배나 높아요. 그렇지만 옷 생산량은 두 배밖에 안 되지요. 여기에서 우리는 A나라 근로자는 컴퓨터 생산에, B나라 근로자는 상대적으로 옷 생산에 더 능숙하다고 할 수 있겠지요. 물론 A나라가 두 가지 모두 더 많이 생산할 수 있지만 인력과 자본 그리고 시간 등은 한정되어 있으니까요. 그러므로 A나라에서는 컴퓨터를 생산하고 B나라에서는 옷을 생산해 서로 교환하는 것이 두 나라 모두에게 이익이 됩니다.

우리 속담에 "우물을 파도 한 우물만 파라"는 말이 있어요. 여러 가지 일을 배우려고 애쓰기보다는 한 가지를 잘할 수 있도록 익히라는 이야기예요. 이렇게 내가 다른 사람보다 잘할 수 있는 일에 능력과 시간을 집중해 전문화해 나간다면 성공에 가까워질 거예요. 우리 주변에서도 남들처럼 대학에 가는 대신 일찍부터 자신의 전문 분야에서 열심히 일해 성공한 사람들을 많이 찾아볼 수 있지요.

　지구촌 시대에 기업이 경쟁력을 가지려면 분업과 전문화는 필수랍니다. 다른 나라나 다른 기업에 비해서 경쟁력이 떨어지는 산업은 서둘러 정리하고 우리 회사가 제일 잘할 수 있는 일에 기업의 모든 힘을 쏟아붓는 집중화와 전문화 전략이 필요하지요.

　우리는 오늘날 "밖에서 더 싸게 살 수 있는 물건을 절대로 집에서 만들지 마라."는 경제학의 아버지 애덤 스미스의 말을 실감하면서 살고 있어요. 사회가 점점 더 복잡해지면서 세상의 일들은 더 잘게 나누어지며 전문화되고 있지요. 세상에 직업이 점점 더 많아지는 것도 바로 이 '전문화'의 결과랍니다.

세상 속으로 | 전문화로 경쟁하고 성장해요

한 가지 일에 집중하는 전문화는 이미 우리 생활 속에 깊숙이 자리 잡고 있어요. 미국의 실리콘 밸리가 그 대표적인 예입니다. 실리콘 밸리는 미국 샌프란시스코 주 샌타클래라 일대에 있는 첨단 기술 연구 단지예요. 이곳에 모인 중소기업들은 실리콘 반도체에 대한 전문 기술과 지식으로 자신들의 분야를 전문화하는 데 성공했어요. 그래서 실리콘 밸리는 반도체 산업뿐만 아니라 애플, 구글, HP, 인텔, 페이스북 같은 우리 시대 최첨단 기업들이 탄생한 고향이 되었어요.

대기업에 비해 규모가 작은 중소기업들은 자본과 크기에서 대기업과 경쟁하기가 어려워요. 그렇지만 다윗과 골리앗의 싸움처럼 몸집이 작은 중소기업이 대기업을 이길 수 있는 방법도 있습니다. 바로 전문화이지요. 중소기업이 자신들의 전문 분야를 정하고 전문 기술을 계속 연구하고 발전시킨다면 대기업과 경쟁할 힘을 가질 수 있어요.

우리나라에서는 경기도 안성의 농협 열네 곳이 협업해 '안성마춤'이라는 브랜드를 전문화했어요. '안성마춤'은 안성에서 나는 다섯 가지 농산물에 붙여진 이름인데, 농축산물의 전문화를 통해 놀라운 매출을 거두어들였답니다. 쌀, 배, 포도, 인삼, 한우 이 다섯 가지 농축산물을 생각하면 안성 지역의 '안성마춤'을 떠올리게 만든 것이지요.

경제가 보이는 퀴즈

1. 아래의 대화를 가장 잘 설명한 것은 다음 중 어느 것일까요? ( )

   "크루소 씨, 그럼 당신은 고기만 잡고, 나는 염소만 잡아서 서로 바꾸면 어때요?"
   "그게 좋겠군요."
   "역시 일을 나누어 하니 힘은 절반, 성과는 몇 배로 커졌어요."

   ① 분업의 이익 ② 생산의 이익
   ③ 분배의 이익 ④ 소비의 이익

2. 공장에서 일을 할 때 가장 효율적인 방법은 다음 중 어느 것일까요? ( )

   ① 모든 일을 전문 기술자에게 맡긴다.
   ② 모든 일의 창의성을 최대한 존중한다.
   ③ 모든 일을 지시와 통제로 운영한다.
   ④ 일을 분업화하고 전문화시킨다.

3. 전문화와 가장 관련이 깊은 속담은 다음 중 어느 것일까요? ( )

   ① 아는 것이 힘이다 ② 우물을 파도 한 우물만 파라
   ③ 천리 길도 한 걸음부터 ④ 님도 보고 뽕도 딴다

정답 1.① 2.④ 3.②

5
도전하고 모험해요

기업가 정신 사람들은 각자의 위치에서 지녀야 할 마음가짐이 있어요. 학생, 부모, 교사, 대통령, 군인 등 모두가 자기 책임을 다하는 자세와 태도가 필요하지요. 여러분 가운데 커서 회사를 세우고 싶은 사람이 있나요? 회사를 만들고 싶은 사람 역시 꼭 갖추어야 할 자세가 있어요. 기업가가 되고 싶은 사람은 이번 이야기를 주목해 보세요.

컴퓨터에 미친 빌

미국 어느 마을에 빌이라는 아이가 살았어요. 빌은 집중력이 뛰어나고 부지런했어요. 아홉 살 때에 가정용 백과사전을 다 읽어 냈고, 독서도 많이 하여 아주 똑똑했답니다.

유명한 변호사였던 아버지는 빌이 변호사나 의사가 되기를 바랐어요.

"아빠, 그런 직업도 좋지만 저는 컴퓨터 전문가가 되고 싶어요."

빌은 컴퓨터를 유독 좋아해서 컴퓨터에 관한 책을 매일 읽었어요.

당시는 지금과 달리 컴퓨터가 거의 보급되지 않았어요. 있다 하더라도 지금처럼 성능이 좋지 않고 사용하기도 어려워서 컴퓨터라는 기계를 아예 모르는 사람들도 많았고요.

빌의 학교에는 조그만 컴퓨터실이 있었어요. 빌은 수업을 마치면 언제나 컴퓨터실에서 파묻혀 지냈어요. 컴퓨터를 보며 빌은 늘 생각했습니다.

'사람들이 백과사전에 있는 내용을 모두 알아야 할까? 이 복잡한 문서를 일일이 손으로 써야 한다고? 이런 일을 기계가 대신 해 준다면 정말 편리할 텐데……. 그렇게 유익하고 편리한 기계를 만든다면 돈도 많이 벌 수 있을 거야.'

빌은 계속 생각에 몰두했어요.

'그래, 많은 정보를 보관하고 순식간에 필요한 정보를 얻을 수도 있는 컴퓨터! 빠르고 편리한 컴퓨터 프로그램을 만들어야겠어!'

하지만 주변 사람들은 빌을 이해하지 못했답니다. 다른 일에는 관심도 없고 오로지 컴퓨터에만 집중했기 때문에 모두들 빌을 '컴퓨터에 미친 아이'라고 부를 정도였어요. 특히 어머니의 걱정은 컸습니다.

"얘야, 너무 컴퓨터에만 매달리면 건강에 해롭단다. 이제 그만 하고 쉬렴."

이런 어머니의 걱정도 빌의 열정을 막기는 어려웠어요.

"엄마, 저는 편리하고 빠르게 일 처리를 할 수 있는 컴퓨터 프로그램을 만들 거예요. 그래서 백만장자가 되고 싶어요."

빌은 명문 대학에 입학한 후에도 깊은 고민에 빠졌어요.

"이건 내가 원하는 공부가 아니야. 내게 필요한 공부를 해야겠어! 그냥 졸업장을 따고 회사에 취직하는 건 나와 맞지 않아."

빌은 고민 끝에 다니던 대학을 그만두었지요. 그러고는 곧장 컴퓨터 회사를 차렸어요. 많은 어려움이 있었지만 컴퓨터에 대한 빌의 확신과 끈질긴 노력은 드디어 성공을 거두었습니다. 자신이 꿈꾸던 프로그램을 개발해 개인 컴퓨터 시대를 연 것이에요. '미치광이 컴퓨터 박사 빌'은 결국 존경받는 세계 최고의 부자가 되었답니다.

경제 이야기 기업가 정신이란?

'컴퓨터에 미친 빌'이 누구인지 눈치 챘나요? 맞아요, 지금은 '컴퓨터 황제'라고 불리는 빌 게이츠의 이야기예요. 빌 게이츠는 마이크로소프트사를 만든 기업가로, 전 세계에서 손꼽히는 부자랍니다. 빌 게이츠는 자기가 좋아하는 컴퓨터에 집중하고 몰입해서 회사를 차리고 새로운 컴퓨터 프로그램을 창조했어요. 그가 세운 마이크로소프트사는 컴퓨터에 관한 한 세계에서 가장 영향력 있는 회사일 거예요.

그렇다면 아무나 빌 게이츠처럼 회사를 세워 성공할 수 있을까요? "호랑이 굴에 들어가야 호랑이를 잡지"라는 말이 있어요. 이는 무엇을 이루려면 위험과 맞닥뜨리고 모험도 해야 한다는 뜻이에요. 호랑이를 잡으러 굴속에 들어간다는 것은 목숨을 건 위험한 결정이에요. 그러나 굴속에 들어가 호랑이를 잡을 수만 있다면 가죽과 고기를 팔아 큰 돈을 벌 수 있지요.

빌 게이츠와 같은 기업가들은 이런 위험을 무릅쓰고 호랑이 굴에 들어간 사람들이에요. 기업가는 남들이 발견하지 못한 사업 기회를 찾아내어 자본을 투자하고 이윤을 얻는 사람입니다. 기업을 세운다는 것은 쉽지 않은 결정이에요. 아주 커다란 위험이 따르는 일이지요. 만약 사업이 성공한다면 큰 수익을 얻을 수 있지만, 실패한다면 자기 돈은 물론이고 자신에게 돈을 빌려 준 사람들의 돈까지 모두 잃게 되지요.

이렇게 새로운 사업에서 올 수 있는 위험을 알고 있지만, 어려운 환경을 헤쳐 나가면서 기업을 키우려는 뚜렷한 의지를 '기업가 정신'이라고 해요. 위험에 맞서는 '도전 정신', 일에 대한 '열정', 새로운 아이디어를 제시할 수 있는 '창의성', 명확한 '목표 의식' 등이 기업가 정신을 대표하는 말들이에요.

비록 지금 회사가 잘된다고 하더라도 현실에 만족하지 않고 늘 새로운 생산 방식을 고민하고 신상품을 개발하려는 자세 역시 기업가에게 필요한 정신입니다. 이를 '혁신'이라고 하는데 기업들이 많이 말하는 '기술 혁신'이라는 말을 들어 본 적이 있을 거예요.

오늘날 세계는 공장에서 대량으로 생산한 물건을 중심으로 움직이던 '산업 사회'에서 눈에 보이지 않는 정보와 지식을 생산하고 보급하는 '지식 정보 사회'로 바뀌고 있어요. 지금 우리가 가지고 있는 지식의 90퍼센트는 불과 30년 이전에 생겨난 것이고, 앞으로 10~15년이 지나면 지식의 양은 지금의 2배가 될 것이라고 해요. 따라서 새로운 지식을 창출하고 위험을 무릅쓰고 그것을 사업화하거나 사업에 반영하는 의지와 행동, 즉 기업가 정신이 어느 때보다 중요합니다. 기업가의 성공은 개인의 성공을 넘어서 우리 사회에 새로운 제품과 서비스를 내보내 경제가 발전할 수 있도록 돕고 있으니까요.

컴퓨터 천재 빌 게이츠

 빌 게이츠는 1955년 미국 워싱턴 주 시애틀에서 태어났어요. 어릴 때부터 학교에 있던 컴퓨터를 조작하는 일에 푹 빠진 빌 게이츠는 컴퓨터와 대결하는 게임 프로그램, 반 편성 프로그램 등을 만들었어요. 하버드 대학에 진학했지만 2년 뒤 1975년 19세에 학교를 그만두기로 결정하고, 선배인 폴 앨런과 함께 자본금 1,500달러로 회사를 세웠어요. 회사의 이름은 마이크로 컴퓨터와 소프트웨어를 합쳐 '마이크로소프트'라고 지었고요.

 이 회사에서 빌 게이츠는 1981년 당시 최대의 컴퓨터 회사였던 IBM사로부터 개인용 컴퓨터에 사용할 운영 체제 프로그램을 의뢰받아 DOS를 개발했어요. 이후 1995년 개인용 컴퓨터 운영 체제에 획기적인 전환을 가져온 윈도우 프로그램을 출시해 크게 성공했습니다. 10년 넘게 세계에서 제일 부자로 손꼽히던 빌 게이츠는 자선 사업을 위해 2008년 마이크로소프트사 경영에서 은퇴해 현재는 '빌&멜린다 게이츠 재단'을 이끌며 자선 사업을 하고 있어요.

| 세상 속으로 | 기업가들이 우리 사회를 크게 변화시켜요

오늘날 우리가 미국, 유럽, 호주나 뉴질랜드 등으로 손쉽고 빠르게 여행 갈 수 있는 것은 무엇 덕분일까요? 바로 비행기가 만들어져서예요. 미국의 윌버 라이트, 오빌 라이트 형제가 하늘을 마음대로 날고 싶은 욕망을 실현한 덕분이지요. 또 밤에도 낮처럼 환하게 생활하고, 자동차를 이용하고, 공장을 가동해 수많은 제품을 만들어 내는 일은 어떻게 가능할까요? 이것 역시 한 사람의 노력으로 이루어 낸 일입니다. 바로 미국의 발명가 토머스 에디슨이 끈질긴 시행착오 끝에 발명한 전기 덕분이지요. 미국의 유명한 기업 '제너럴 일렉트릭(GE)'은 그렇게 탄생한 기업입니다.

이처럼 수많은 기업가가 우리 생활을 크게 변화시키고 있어요. '어떻게 하면 안정감 있는 자동차, 더 빨리 달릴 수 있는 자동차를 만들 수 있을까?'하는 한 사람의 진지한 고민이 없었더라면 우리가 지금처럼 자동차를 편리하게 이용하는 일은 불가능했을 수도 있어요. '자동차 왕' 헨리 포드는 안전하게 빨리 달릴 수 있는 자동차를 만들었을 뿐만 아니라, 자동차를 생산하는 과정에서도 각 단계의 일을 분업화하고 기계를 사용해 자동화하는 새로운 시도로 자동차를 대량 생산할 수 있게 만들었답니다. 그래서 가격이 싸고 품질이 우수한 자동차를 누구나 탈 수 있게 된 것이지요. 또 빌 게이츠가 개인용 컴퓨터를 위한 프로그램을 개발하지 않았다면 우리는 지금 편리하게 내 책상 앞에서 컴퓨터를 사용하는 일을 상상하지 못했을 겁니다. 이 외에도 수많은 기업가들이 새로운 분야를 연구하고 도전하여 우리 삶을 바꾸었고, 지금도 부지런히 활동하고 있습니다.

우리나라에서도 유명한 기업가들이 새로운 일에 도전하며 열심히 일하고 있어요. 현대 그룹을 세운 정주영 회장, 삼성 그룹을 세운 이병철 회장 등이 우리나라의 대표적인 기업가예요. 이 두 사람은 우리나라가 지금처럼 잘살지 못했던 때에 기업을 세워 수많은 일자리를 마련하고 큰돈을 벌어 우리 경제가 발전하는 데 크게 기여했습니다.

경제가 보이는 퀴즈

1. 남들이 발견하지 못한 사업 기회를 찾아 내어 직접 필요한 돈과 사람, 토지, 기계 등의 자원을 마련하여 위험을 무릅쓰고 새로운 사업을 키우려는 뚜렷한 의지를 무엇이라고 할까요? ( )

    ① 기업가 정신
    ② 화랑도 정신
    ③ 장인 정신
    ④ 기사도 정신

2. 기업가 정신에 대한 설명 중 가장 거리가 먼 것은 어느 것일까요? ( )

    ① 미래의 전망을 고려하여 땅을 사서 공장을 짓거나 사무실을 여는 것
    ② 소비자의 수요를 미리 조사하여 새로운 상품을 많이 생산하는 것
    ③ 노동자 중심의 작업 환경을 기계 중심의 자동화 환경으로 바꾸는 것
    ④ 새로운 기술이나 연구 개발보다는 기존의 것을 최대로 활용하는 것

3. 다음 중 기업가 정신을 가장 잘 표현한 속담은 어느 것일까요? ( )

    ① 백지장도 맞들면 낫다
    ② 호랑이 굴에 들어가야 호랑이를 잡는다
    ③ 빨리 가려면 혼자 가고 멀리 가려면 함께 가라
    ④ 낮말은 새가 듣고 밤말은 쥐가 듣는다

정답 1.① 2.④ 3.②

6
한 가지 일에 몰두해요

장인 정신 편안한 신발 한 켤레를 만들기 위해 평생 연구한 사람, 삼 대에 걸쳐 한곳에서 국수를 만들어 온 가족, 죽는 날까지 정성을 다해 도자기를 빚은 도공, 이들의 공통점은 무엇일까요? 모두 한 가지 일에 최선을 다한 사람들이라는 점이지요. 이런 사람들이 만든 물건이나 음식은 좀 특별할 것 같지 않나요?

마음이 담긴 그릇

아주 먼 옛날, 아버지와 어머니 그리고 두 아들이 살았어요. 도자기를 굽는 도공인 아버지는 전쟁에 나갔는데, 곧 돌아가셨다는 슬픈 소식이 전해졌어요. 그 뒤 어머니마저 시름시름 앓다가 돌아가시고, 두 형제는 고아가 되고 말았어요.

아버지를 닮고 싶었던 형은 여기저기 스승을 찾아다니며 도자기 굽는 일을 배웠어요. 세월이 흘러 형은 이름난 도공이 되어 집으로 돌아왔어요. 아우는 형에게 도자기 굽는 기술을 배워 돈을 모아 예쁜 색시도 얻고 행복하게 살고 싶었어요. 하지만 형은 허드렛일만 시키고 중요한 기술은 가르쳐 주지 않았어요. 아우는 불만이 커져 형이 미워지기 시작했어요.

그러던 어느 날부터 형은 아우에게 도자기 굽는 방법을 가르쳐 주었어요. 그리고 마침

 내 아우가 솜씨를 보일 기회가 왔어요. 아우는 온갖 솜씨를 다해 도자기를 구워 냈지만 형이 만든 도자기와는 큰 차이가 났어요. 아우의 마음은 단순히 도자기를 많이 만들어 빨리 돈을 벌어 보겠다는 욕심으로 가득 차 있었기 때문이었어요. 아우가 엉엉 소리 내어 울자 형이 아우를 다독였어요.

 "기술보다 정신을 앞세워야 하는 거란다. 그릇을 빚는 것이 아니라 마음을 빚는다고 생각해야 해. 정성 들여 기술을 익혀 네 능력을 다한다면 만족스러운 도자기를 만들 수 있을 거야."

형의 이야기를 들은 아우는 그날 이후 밥 먹는 것도 잠 자는 것도 잊고 오직 마음을 담은 그릇 만들기에만 정신을 쏟았어요.

아우는 모든 일에 정성을 다했어요. 흙을 반죽하고, 그릇을 빚고, 가마에 넣고, 장작불을 때어 온도를 맞추는 모든 과정에 열정과 정성을 쏟아부었어요.

이제 아우는 자기만의 도자기를 만들기 시작했습니다. 높고 푸른 가을 하늘을 보고 쪽빛 하늘색 도자기를 빚고, 탐스럽게 핀 국화꽃을 보고 은은한 향기를 내뿜는 국화꽃 도자기를 빚어냈어요. 또 품위 있는 학 도자기, 절개의 상징인 대나무와 소나무 문양 도자기, 신비의 상징인 용 문양 도자기 등을 새롭게 만들었어요.

"아니, 이 도자기를 사람이 만들었다고? 이렇게 아름다운 빛깔이 나다니……. 쪽빛 하늘도 이토록 아름다운 색깔은 아닐 거야."

"구름을 타고 나는 학들이 금방 이 세상으로 튀어나올 것 같아요. 이건 생명이 담긴 예술품이에요."

아우의 도자기는 사람들의 입소문을 타고 전국으로 알려지게 되었답니다.

| 경제 이야기 | 장인 정신이란?

    똑같은 일을, 똑같은 시간 동안 일하더라도 사람에 따라 그 성과가 달라져요. '마음이 담긴 그릇'에서 처음에 아우가 형이 만든 방법대로 도자기를 만들었지만 큰 차이가 있었던 것처럼요.
    지극한 정성으로 뛰어난 물건을 만들어 내는 마음가짐을 '장인 정신'이라고 합니다. 자기가 하고 있는 일에 전념하거나 한 가지 기술을 전공하여 그 일에 정통하려고 하는 철저한 직업 정신을 말하지요.
    우리 민족은 예로부터 일정한 직업에 전념하거나 한 가지 기술에 정통한 사람을 '장인'이라고 불렀어요.
    조선 시대에는 관청이나 궁궐에서 쓰이는 물건을 숙련된 기술자들이 만들도록 했는데 이들은 어떤 상황 속에서도 쉬운 길과 타협하지 않고 기술에 마음을 담아 물건을 만들었어요. 또 자기 작품을 분신이라 믿었으며, 수제자를 받아들일 때에도 기교보다는 먼저 정신과 자세를 눈여겨보았어요. 쉬운 길을 택하기 위해 일을 하는 과정을 속이는 일은 수치스럽게 생각했지요.
    서구의 '저니먼 제도'에서도 비슷한 장인 정신을 찾아볼 수 있어요. 저니먼은 길드 조직의 '마스터'와 '도제' 중간에 있는 계층입니다. 길드는 중세 유럽 때 상공업자들이 모여 만든 조합이에요. 길드 안에서 일을 배우는 직공, 즉 도제를 가르치고 길러 낼 수 있는 사람은 길드 조합원인 마스터뿐이었어요. 길드가 생긴 초기에는 누구나 일정 기간 동안 도제 수업을 마치면 쉽게 마스터가 될 수 있었지요.

그러나 도시가 점점 커지면서 수공업자의 수가 늘어나고 경쟁이 심해지면서 마스터가 되는 길은 갈수록 어려워졌습니다. 도제 기간을 마친 후에도 일반인들은 다시 수년 동안 '저니먼'으로서 마스터 밑에서 일을 도와야 했어요. 이들 가운데 석공, 목공, 피혁공, 도자기공 등은 나라 안의 명공을 찾아 여러 도시를 떠돌아다니며 기술을 갈고닦은 뒤, 다시 걸작을 제출하여 엄중한 심사에 합격하면 가입금을 내고 독립적인 마스터가 될 수 있었답니다.

장인 정신은 오늘날에 와서 더 절실해진 덕목이기도 해요. 시간이나 때우며 건성으로 만든 제품은 경쟁력을 잃고 쉽게 사라지게 마련이니까요. 반면에 장인 정신으로 정열을 쏟아 만든 제품은 사람들에게 인정받고 잘 팔려서 높은 수익을 거두게 돼요. 농산품이든 공산품이든 지식이나 정보를 담은 상품이든 간에 장인 정신이 깃든 걸작을 생산하는 일은 개인, 사회, 국가를 풍요롭게 해 줄 뿐만 아니라 국제 경쟁력도 강화시킬 수 있습니다.

> **세상 속으로** 종을 만들기 위해 아이를 넣었다고요?

    경주에 있는 국립 경주 박물관에 가면 "장중하고 맑은 소리와 유려한 형체감은 세계에서 가장 뛰어난 동종인 에밀레종뿐이다."라는 평을 듣고 있는 에밀레종을 만날 수 있어요. 에밀레종의 원래 이름은 '성덕 대왕 신종'인데 '에밀레'라고 운다고 하여 붙여진 이름입니다.

    종을 만들 때에는 끓는 쇳물 속에 녹아 있는 물방울들 때문에 찢어지는 듯한 소리가 나요. 에밀레종을 만들 때에도 그랬어요. 종을 만들던 대장장이는 고민에 고민을 거듭했지만 원하는 종소리를 얻지 못했어요. 그러다 어린아이를 넣으면 종소리가 맑고 장중해질 거라는 이야기를 듣고 결국 어린아이를 종을 만드는 데 넣었다는 이야기가 전해지지요. 그래서 이 종은 아이의 울음소리를 닮아 "에밀레." 하는 소리를 갖게 되었다고 해요. 이 이야기에서 중요한 것은 실제로 아이를 넣었느냐가 아니라, 그만큼 애절하게 좋은 소리를 위해 노력했다는 부분입니다.

    실제 장인의 예도 한번 찾아볼까요?

    임진왜란 이후 일본으로 끌려가 14대에 걸쳐 조선 백자를 고집하며 일본 문화 속에 장인 정신의 뿌리를 심은 '심수관가'가 있습니다. 심수관가는 일본의 3대 도자기로 손꼽히는 명품 도자기를 만드는 집안이에요. 심수관가는 일본 국적을 가졌지만 성은 바꾸지 않고, 우리의 고유한 백자를 고집하여 제작하는 정신력을 보여 주었어요. 그리고 그 후예들도 조상에게 물려받은 도예 기술을 갈고닦아 더욱 발전시키고 있지요.

나전칠기

우리나라 나전칠기에도 장인 정신이 깃들어 있어요. 옻칠 바탕에 무지갯빛 영롱한 전복 껍질을 붙이고 그림과 무늬를 놓아 제작하는 것이 바로 나전칠기예요. 이 나전칠기는 자개를 이용하는 독특한 기법 덕분에 1,000년이 지나도 그 색깔과 빛을 잃지 않는다고 해요. 옻칠한 표면에 조개껍질을 다듬어 붙이면 옷의 검은색과 조화를 이루어 우아한 빛을 내뿜지요. 조개·소라·전복 등의 껍질로 살림살이에 쓰이는 그릇을 만들면 최고급 공예 그릇이 되고, 옻칠한 농짝이나 나무 그릇 등에 진주 빛이 나는 자개 조각을 여러 가지 모양으로 박아 붙이면 훌륭한 공예품이 됩니다. 이 나전칠기는 우리나라는 물론 전 세계 사람들의 사랑을 받고 있는 예술품이랍니다.

  이탈리아의 구두 장인 살바토레 페라가모도 장인 정신으로 유명합니다. 9세 때 가난한 집안 형편 때문에 누이의 세례식에 쓸 흰 구두를 장만할 수 없게 되자 페라가모는 며칠 밤을 새워 가며 손수 누이의 흰 구두를 만들었어요. 이후 구두를 만들기 시작한 페라가모는 사람의 발 모양을 잘 살피고 연구해 편안한 구두를 만들어 큰 성공을 거두었습니다. 페라가모의 사업을 이어받은 자식들은 아버지의 장인 정신을 잇는다는 사명감으로 엄격하게 품질을 관리해 신발을 만들고 있다고 해요. 꼭 이탈리아에서 나온 재료들만 사용하고, 구두 장인들이 손수 한 켤레 한 켤레 직접 만든다는 원칙을 지키면서 말이에요.

경제가 보이는 퀴즈

1. 창의성과 열정을 가지고 열심히 일하면 생산성이 높아지고, 기술 개발이 이루어집니다. 이처럼 지극한 정성으로 뛰어난 작품을 만들어 내는 마음가짐을 무엇이라고 할까요? ( )

   ① 기업가 정신　　　　② 군인 정신
   ③ 일인자 정신　　　　④ 장인 정신

2. 다음 설명 중 장인 정신과 가장 거리가 먼 것은 어느 것일까요? ( )

   ① 장인 정신의 예는 서구의 저니먼 제도에서도 찾아볼 수 있다.
   ② 우리 민족은 예로부터 일정한 직업에 전념하거나 한 가지 기술을 전공하여 그 일에 정통한 사람을 '장인'이라고 불렀다.
   ③ 장인 정신은 지식 정보 시대, 무한 경쟁의 지구촌 시대에도 옛 정신이 전혀 변질되지 않고 그대로 유지되고 있다.
   ④ 같은 일을 하더라도 일에 쏟는 열정에 따라 결과가 달라진다.

3. 다음 중 장인 정신을 가장 잘 표현한 속담은 어느 것일까요? ( )

   ① 정성이 지극하면 바위에 풀이 돋아난다
   ② 호랑이 굴에 들어가야 호랑이를 잡는다
   ③ 안에서 새는 바가지가 밖에 나가서도 샌다
   ④ 하늘은 스스로 돕는 자를 돕는다

정답 1.④ 2.③ 3.①

7
제품의 가치를 높여요

브랜드와 광고 유명 브랜드의 운동화나 옷이 사고 싶어 부모님을 조른 적이 있나요? 신발이야 튼튼하고 모양이 예쁘면 충분한데, 굳이 유명 브랜드의 것을 왜 사고 싶을까요? 가격도 더 비싼데 말이에요. 똑같은 품질과 디자인의 물건이라도 보통 브랜드가 붙으면 사람들은 더 좋아합니다. 브랜드는 마법의 힘이라도 가진 것일까요?

고우니와 나이뻐

옛날 옛날에 나라를 아주 잘 다스리는 임금님이 있었어요. 임금님이 이렇게 나라를 잘 다스리는 데에는 왕비의 역할이 컸어요. 왕비는 임금님이 어려운 문제에 부딪힐 때마다 슬기로운 충고를 해 주었어요.

이웃 나라 사람들도 부러워할 만큼 훌륭한 임금님과 왕비였지만, 두 사람에게는 한 가지 걱정이 있었어요. 결혼을 한 지 오래 지났지만 아직 자식이 없었던 거예요.

왕비가 간절하게 기도를 올리던 백 일째 날, 왕비에게 태기가 있더니 얼마 후 왕자가 태어났어요. 임금님과 왕비는 왕자를 무척 아꼈지요. 왕자 역시 부모님 말씀에 순종하며 글공부와 무예에 힘을 쏟았습니다.

세월이 흘러 어느새 왕자가 결혼을 할 나이가 되었어요. 늦게 얻은 왕자인지라 왕과 왕비는 하루라도 빨리 왕자에게 신부를 구해 주고 싶었습니다.

　드디어 왕자의 신부를 뽑는 대회가 열렸어요. 문무를 골고루 갖춘 왕자의 신부를 뽑는다고 하자 전국에서 수많은 아가씨들이 몰렸어요. 각 동네에서 예쁘다, 착하다, 현명하다, 덕이 깊다, 부지런하다고 칭찬받는 아가씨들은 다 모여든 것이었어요.

　덕망 높은 임금님과 지혜로운 왕비는 신중하게 왕자의 신부를 뽑고자 했어요. 그래서 절차도 까다롭게 만들고 시험도 여러 단계로

두었어요. 시험을 하나하나 통과할 때마다 아가씨들의 얼굴색이 몇 번씩 바뀌었어요.

결국 마지막으로 두 아가씨가 남았어요. 먼저 '고우니'라는 이름의 아가씨는 성품이 곱고 인물도 빼어났지만 집안이 그다지 좋지 않았어요. 또 다른 아가씨는 '나이뻐'였는데 역시 성품이며 인물이 나무랄 데가 없었어요. 거기다 대대로 높은 벼슬을 지낸 명문가 출신이었어요.

임금님과 왕비는 머리를 맞대고 고민하다 드디어 '나이뻐'를 신부로 뽑았습니다. 어려운 과정을 거쳐 왕자의 신부가 된 '나이뻐'는 마음씨도 착하고 지혜로워 임금님과 왕비의 사랑을 듬뿍 받았어요. 왕자도 신부를 끔찍이 아꼈지요. '나이뻐'도 시부모님과 남편의 사랑에 보답하기 위해 덕을 쌓고 미모를 가꾸는 일에 힘썼답니다.

"우리가 정말 며느리를 잘 뽑았소. 아니 그렇소, 왕비!"

"당연하지요. 누가 골랐는데요, 호호호."

임금님과 왕비는 사이 좋은 왕자와 나이뻐를 보며 흐뭇해했습니다. 많은 시간이 지나고 나라를 물려받은 왕자는 좋은 아내와 함께 나라를 잘 다스리며 행복하게 살았답니다.

경제 이야기 브랜드와 광고가 하는 일은?

크게 다르지 않았던 두 아가씨 중에서 '나이뻐'가 선택된 것은 이름 있는 집안을 가진 덕이었어요. 다른 조건이 같은 상황에서는 뼈대 있는 집안의 '나이뻐'를 선택하는 것이 임금님과 왕비에게 합리적인 결정이었을 거예요.

브랜드는 판매자들이 자기 상품을 다른 경쟁자의 상품과 구별하기 위해 표시하는 명칭, 기호, 디자인을 모두 뜻하는 말이에요. 비슷한 종류의 피자를 파는 가게들도 모두 자기만의 고유한 브랜드를 가지고 있지요. 많은 사람들이 비슷한 품질과 디자인의 물건이라면 브랜드를 보고 선택합니다. 내가 알고 있는 브랜드의 물건은 편안하고 친근하며 품질도 믿을 수 있으니까요. 브랜드만으로도 가치 있어 보여 사고 싶은 물건도 있고 말이에요.

"호랑이는 죽으면 가죽을 남기고, 사람은 죽으면 이름을 남긴다." 고 해요. 사람의 중요성은 이름에 있음을 뜻해요. "이름 값을 해라."는 말도 그렇고요. 이 말들처럼 사람은 누구나 이름값을 높이기 위해 노력합니다. 이와 마찬가지로 기업은 회사의 이름인 고유 브랜드를 알리는 데 운명을 걸고 투자하지요. 현대는 브랜드 시대예요. 옛날에는 상품만 좋으면 잘 팔렸지만, 지금은 품질은 크게 다르지 않은 상품이 많아서 제품의 브랜드가 더욱 중요해지고 있어요. 브랜드는 한 회사가 판매하는 제품의 얼굴이자 그 회사의 이미지이기 때문이에요.

우리 주변에는 이미 강력하게 우리의 머릿속에 박힌 고유 브랜드들이 많아요. '에프킬라', '스카치 테이프', '포크레인'은 각각 우리가 살충제, 투명 셀로판테이프, 굴삭기를 지칭할 때 쓰는 말이지만, 실제로는 특정 회사의 제품 이름들입니다. 제품의 이름인 브랜드가 어느새 그 제품군을 대표하는 말로 두루 쓰이게 된 것이니 브랜드의 힘이 얼마나 큰지 짐작할 수 있겠지요?

세계 각국의 다양한 브랜드 로고

브랜드가 중요한 이유는 무엇일까요? 역시 돈이 되기 때문이에요. 미국의 경우 한 회사가 자기 브랜드를 좋아하는 고객을 한 명 잃을 경우, 회사가 입는 손실이 1만 달러에 이른다고 해요. 1천만 원이 넘는 금액이니 엄청나지요. "기업은 제품을 팔지만 소비자는 브랜드를 산다."는 말도 등장했어요. 이런 엄청난 위력 때문에 브랜드는 이제 부동산이나 주식을 뛰어넘는 최고의 기업 자산으로 대접받고 있어요.

브랜드 못지않게 요즘 기업들이 정성을 쏟고 있는 것은 광고입니다. 우리는 광고의 홍수 시대에 살고 있어요. 텔레비전, 인터넷, 라디오, 신문, 잡지, 전단지 등에서 매일매일 이루 헤아릴 수 없도록 광고를 접하고 있지요. 물건의 품질이 대체로 비슷해진 요즈음은 제품에 대한 세련된 디자인, 소비자에게 와 닿는 광고 전략에 따라 성공과 실패가 나누어질 정도예요.

우리는 광고를 통해 제품에 대한 정보를 얻기도 하고, 기발하고 재미있는 광고를 보며 웃기도 해요. 그렇지만 늘 과대, 거짓 광고를 잘 구별해 낼 수 있어야 해요. 겉만 번드레하게 색이나 포장만 조금 바꾸고 가격을 지나치게 비싸게 정한 것은 아닌지, 무조건 좋다고 선전하는 상품은 아닌지 꼼꼼하게 따져 보는 지혜가 필요해요.

광고 선진국과 경제 선진국은 비례한다고 해요. 광고는 경제 발전의 윤활유이자 제2의 생산임을 명심할 필요가 있어요.

세상 속으로 브랜드의 성공이 기업의 운명을 좌우해요

기업들은 다양한 브랜드를 보유하고 있어요. 그런 브랜드에도 가치가 있기 때문에 큰돈을 들여 광고를 해요. 특히, 요즘과 같이 정보의 접근성이 높고 플랫폼의 힘이 거대해진 시대에는 더욱더 브랜드의 가치가 중요해요.

세계 브랜드 컨설팅 전문업체인 〈인터브랜드〉가 발표한 '2020년 베스트 글로벌 브랜드'에 따르면 1위 애플, 2위 아마존, 3위 마이크로소프트, 4위 구글, 5위 삼성전자, 6위 코카콜라, 7위 도요타, 8위 메르세데스-벤츠, 9위 맥도날드, 10위 디즈니로 밝혀졌어요. 2020년엔 IT 기업들의 강세 속에 사상 최초로 우리나라 기업인 삼성이 '톱5'에 진입했어요.

1위에서 10위까지 기업들이 어떤 기업들인지 자세히 살펴볼까요? 브랜드 1위, 애플은 아이폰, 아이패드, 맥북 등의 전자기기 제조업체예요. iOS라는 자체 소프트웨어 플랫폼을 무기로 엄청난 수익을 벌어들여요. 2위 기업 아마존은 미국 내 온라인 유통망을 꽉 잡고 있으며 다양한 신사업에 적극적으로 나서는 기업으로, 적극적인 사업 영역 확장에 힘입어 브랜드 가치가 계속해서 치솟고 있어요. 3위 기업 마이크로소프트는 윈도우 OS를 기반으로 다양한 소프트웨어로 안정적인 수익을 만들고 있는 기업이에요. 최근에는 클라우드 사업이 계속해서 확대되고 있어요. 4위 기업 구글은 대부분의 수익을 플랫폼에서 내는 플랫폼 기업이에요. 검색엔진 세계 점유율 1위이며, 유튜브와 안드로이드 등 다양한 플랫폼으로 높은 시장 점유율을 보이고 있어요. 5위 기업은 한국의 삼성이 차지했어요. 삼성은 다양한 가전제품과 스마트폰 등의 시장 점유율이 높아서 브랜드 가치가 높아요. 6위 기업 코카콜라는 세계 어느 곳에서나 탄산음료의 대명사지요. 과거에는 독보적 1위 기업이었지만 기술의 발달로 점점 밀려나고 있어요. 7위 기업 도요타는 일본의 자동차 회사로, 실용 차종의 강자에서 전체 차종의 강자로 올라섰어요. 8위 기업 메르세데스-벤츠는 독일의 자동차 브랜드로, 세단과 컨버터블, 스포츠카, 쿠페, SUV 등을 제조·판매해요. 9위 기업 맥도날드는 햄버거 가게로, 전 세계적으로 수많은 나라에 진출하여 높은 인지도를 가지고 있어요. 10위 기업 디즈니는 다양한 캐릭터와 미디어 상품 IP를 통해 큰돈을 벌고 있는 회사예요.

또 우리나라의 자동차 기업 현대는 36위를 기록했어요.

지금은 브랜드 가치가 회사의 생존과 직접 연결되는 시대라고 할 수 있어요. 따라서 모든 회사가 자기 회사의 브랜드를 알리기 위해 치열하게 경쟁하고 있지요. 앞으로도 브랜드에 대한 투자와 지원은 더욱더 강력해질 거예요.

경제가 보이는 퀴즈

1. 판매자들이 자기 상품을 다른 경쟁자의 상품과 구별하기 위해 표시하는 명칭, 기호, 디자인을 모두 뜻하는 말은 다음 중 어느 것일까요? (   )

    ① 브랜드
    ② 자산
    ③ 부채
    ④ 자본

2. 브랜드에 대한 설명 중 바르지 못한 것은 어느 것일까요? (   )

    ① "호랑이는 죽으면 가죽을 남기고, 사람은 죽으면 이름을 남긴다"는 브랜드의 중요성을 잘 보여주고 있다.
    ② 브랜드는 제품과 회사의 이미지가 된다.
    ③ 브랜드의 가치는 높지만 아직 부동산이나 주식을 뛰어넘는 최고의 기업 자산으로는 대접받지 못하고 있다.
    ④ "기업은 제품을 팔지만 소비자는 브랜드를 산다"는 말은 브랜드의 가치를 강조한 말이다.

3. "보기 좋은 떡이 먹기도 좋다", "옷이 날개다"라는 속담의 의미와 가장 관계가 깊은 것은 다음 중 어느 것일까요? (   )

    ① 제품   ② 광고
    ③ 서비스   ④ 시장

정답 1.① 2.③ 3.②

8 생활의 질이 높아져요

경제 성장과 기술 진보 우리가 매일 쓰는 텔레비전, 냉장고, 세탁기, 휴대 진화, 컴퓨터를 40년 전 사람들도 썼을까요? 그때만 해도 텔레비전이 아주 귀해 온 동네 사람들이 함께 모여 텔레비전을 봤대요. 인터넷을 지금처럼 사용하게 된 것도 90년대 후반부터예요. 이런 물건들을 사용하지 못했다면 얼마나 불편했을까요? 우리 생활이 지금처럼 편안해진 것은 무엇 덕분일까요?

다이너마이트를 발명한 노벨

노벨은 형이 운영하는 공장에서 일을 하며 남몰래 화약을 만들었어요. 화약 제조에 성공한 노벨은 특허를 냈고 곧 스웨덴으로 가서 큰 공장을 차렸어요. 노벨은 화약을 만들어 독일과 영국 등 여러 나라에 수출을 했습니다. 그런데 이듬해 화약 폭발 사고로 동생이 죽고 말았어요.

"이게 다 내가 화약을 만들었기 때문이야……."

노벨은 매우 슬펐지만, 계속 슬픔에 잠겨 있을 수만은 없었어요.

어느 날, 노벨은 신문을 보고 깜짝 놀랐어요. 미국 뉴욕 호텔에서 대폭발 사고가 난 것이지요. 화약 폭발 사고는 그 후로도 계속 일어났어요. 노벨이 운영하는 공장에서도 폭발 사고가 일어나자 여러 나라에서는 화약을 보관하거나 운반하는 일을 금지했어요.

화약 만드는 일을 중단할 수밖에 없게 되자, 노벨은 사고의 원인을 조사해 보았어요.

'물처럼 된 액체 화약이니까 그렇구나. 그럼 화약을 딱딱한 고체

로 만들면 폭발 위험이 줄어들겠지?'

노벨은 곧 실험에 들어갔어요. 그러던 중 노벨은 화약이 든 통을 나르고 있는 직원을 바라보다 가슴이 철렁했어요. 구멍이 뚫린 통 속에서 액체 화약이 방울져 떨어지고 있었어요.

"앗, 위험해!"

노벨은 화약이 폭발할 줄 알고 기겁을 했어요. 그런데 어찌 된 일인지 폭발은 일어나지 않았어요. 공장 바닥에 깔린 고운 흙이 떨어진 액체 화약을 빨아들인 것이었어요.

"바로 이거야! 드디어 알아냈어! 그렇게 하면 되겠어!"

노벨은 뛸 듯이 기뻐 소리쳤어요. 액체 화약을 아주 고운 흙과 혼합하면 폭발 위험이 크게 줄어든다는 걸 알아낸 것이었어요. 노벨은 드디어 고체로 된 화약을 만드는 데 성공했습니다.

"내가 드디어 다이너마이트를 발명해 냈어!"

노벨은 1866년 인류 최초로 다이너마이트를 발명했어요. 세계 곳곳에서 다이너마이트를 사 갔어요. 다이너마이트는 금·은·구리 광산을 개발하는 데에도, 터널을 뚫거나 다리를 놓는 공사를 하는 데에도 쓰였어요. 노벨은 곧 유럽에서 손꼽히는 부자가 되었어요.

노벨은 자신의 엄청난 재산을 세계 평화를 위해 쓰도록 했어요.

"세계 평화와 인류를 위해서 커다란 공헌을 한 사람들에게 이 돈을 써 주기 바랍니다."

노벨이 남긴 돈으로 스웨덴 과학 학술원에서 노벨상을 제정했고, 노벨상은 세계에서 가장 권위 있는 상이 되었어요.

경제 이야기 경제 성장과 기술 진보

다이너마이트를 발명한 알프레드 노벨은 화약에 대한 열정으로 우리 인류에게 엄청난 기술 진보를 선물한 인물이에요.

사람들은 물질적으로 풍요로워지기를 원해요. 물질적 풍요를 누리기 위해서는 생산이 많이 이루어져야 해요. 쓸 수 있는 물건이 다양하고 많아야 하니까요. 생산과 소비가 계속 늘어나서 경제가 발전하고 사람들이 풍요롭게 잘살게 되는 것을 '경제 성장'이라고 해요.

60년 전에는 오늘날 우리가 당연하게 가지고 있는 물건들 대부분이 매우 귀했었어요. 풍족하게 쓰는 학용품, 따뜻한 털옷, 냉장고, 세탁기, 텔레비전, 컴퓨터, 전화기, 자동차······. 이런 물건들을 가질 수 있는 사람은 아주 소수에 불과했어요. 그러나 지금은 거의 모든 사람들이 이 물건들을 쓰고 있어요. 우리 경제가 성장한 결과예요. 경제가 성장하면 우리가 쓸 수 있는 물건도 많아지고 기술도 크게 발전합니다.

한 나라의 경제가 어느 정도 발전했는지 알기 위해서는 '경제 성장률'을 알아보면 돼요. 경제 성장률은 한 나라가 일정 기간(보통 1년) 동안 경제 활동을 해서 경제가 성장한 비율을 말해요. 1년 동안 나라 안에서 생산한 재화와 서비스의 총합계가 작년과 비교해 얼마나 증가하거나 감소했는지를 비율로 나타내 보는 거예요. 경제 성장률은 한 나라의 1년간 경제 성과를 측정하는 데 중요한 기준이 됩니다.

생산성이 높아진다면 당연히 경제 성장률도 증가하겠지요? 생산성 향상은 기술 진보로 이루어져요. 오늘날의 경제 성장은 많은 부문이 기술 진보에 의해 이루어진다고 보고 있어요. 컴퓨터의 출현과 더불어 첨단기술이 개발됨으로써 기술이 급속도로 발전하고 그 결과 경제가 빠르게 성장하고 있는 것이지요.

그렇기 때문에 한 나라의 경쟁력은 그 나라의 기술 수준에 달려 있다고 말할 만큼 기술이 중요해요. 기술이란 물건을 취급하거나 일을 처리하는 방법, 수단 및 솜씨예요. 또 과학을 응용해 인간 생활에 유용하도록 자연을 새롭게 고치거나 가공하는 재주이기도 하고요. 이러한 기술이 우리 경제 생활에 엄청난 영향을 끼치게 된 것은 기술 진보를 통해서예요.

18세기 후반부터 19세기까지 영국을 중심으로 일어난 산업 혁명은 인류의 기술을 혁신적으로 발전시켰어요. 옷감을 짜는 방직 기계가 발명되고 증기 기관이 출현하면서 인류는 기계를 생활에서 적극적으로 사용할 수 있게 되었어요.

19세기 말부터 20세기 초에는 새로운 에너지로서 전기가 등장하자 모든 생산 분야에서는 원동기 혁명이 일어났어요. 이것을 '제2차 산업 혁명'이라고 해요. 이때 새로운 기계와 재료, 동력과 기술이 등장해 생산량이 엄청나게 늘어났지요. 그리고 교통과 통신의 발달로 우리는 먼 곳의 소식도 빠르게 접할 수 있고, 다른 나라도 쉽게 여행할 수 있게 되었어요. 또 기차와 증기선이 나타나면서 시장이 넓어지고 무역이 발달하게 되었고요.

20세기 초에는 제조업 부문에 자동화가 도입되고, 20세기 말에는 생산 부문에 컴퓨터가 도입되어 생산성은 더욱 높아졌어요. 그리고 개인용 컴퓨터가 등장하고 인터넷이 보급되면서 생산성이 늘어나는 속도는 훨씬 더 빨라졌지요.

오늘날은 지식과 정보 기술의 진보가 두드러지고 있어요. 기술 진보는 언제나 개인, 사회, 국가, 인류 모두를 위해 풍요로움을 안겨 주고 있답니다.

기술진보로 편리해진 우리 생활

세상 속으로 우리나라 경제는 급속히 성장했어요

우리나라는 세계 어느 나라보다도 급속히 경제가 성장한 예입니다. 1960년과 2010년을 비교해 보면 우리 생활은 하늘과 땅만큼 달라져 있어요. 1960년 무렵에 우리나라를 방문했던 외국인들은 지금 달라진 우리나라의 모습을 보고 놀라움을 금치 못합니다.

6·25 전쟁이 끝나고 오래 지나지 않은 1960년대에는 하루 세 끼를 배불리 먹을 수 없는 사람들이 매우 많았어요. 쌀이 모자라 다른 곡식과 꼭 섞어 먹자는 운동이 일어나기도 했어요. 시골에는 전기가 들어

오지 않는 집이 있었고, 자동차나 세탁기가 있는 집도 드물었어요.

그러나 2020년에는 우선 먹을 것이 너무 많습니다. 너무 많이 먹어 비만이 된 어린이들 문제가 심각하기도 하고, 살을 빼기 위해 일부러 음식을 많이 먹지 않는 사람들이 있을 정도지요. 거의 모든 집에 전화, 텔레비전, 냉장고, 세탁기, 컴퓨터, 자동차가 있고, 휴대 전화는 어린이들까지 들고 다닐 정도로 흔해졌지요.

이렇게 오늘날 우리가 풍족하게 생활할 수 있는 것은 우리나라의 경제 성장을 위해 열심히 일하고 기술을 발전시킨 할아버지, 할머니들의 공이랍니다. 우리도 경제 발전을 위해 부지런히 공부하고 지식을 쌓도록 해요.

경제가 보이는 퀴즈

1. 생산과 소비가 되풀이되는 경제 활동 과정에서 생산 및 소비 규모가 커지는 현상을 무엇이라고 할까요? ( )

    ① 경제 성장

    ② 소득 분배

    ③ 기술 진보

    ④ 산업 혁명

2. 한 나라가 일정 기간 동안 어느 정도 경제가 발전했는지를 알아보려면 다음 중 무엇을 보면 가장 좋을까요? ( )

    ① 소득 분배율   ② 물가 상승률
    ③ 경제 성장률   ④ 기술 진보율

3. 18세기 후반부터 19세기까지 영국을 중심으로 일어난 산업 혁명, 19세기 말부터 20세기 초 전기의 등장, 20세기 초 제조업 부문의 자동화 도입, 또 20세기 말 생산 부문에 컴퓨터 도입 등은 경제생활의 어떤 것과 가장 관계가 깊을까요? ( )

    ① 물가 안정   ② 기술 진보
    ③ 경제 안정   ④ 국제 수지 개선

정답 1.① 2.③ 3.②

9
신용을 지켜요

신용 "늑대다, 늑대가 나타났다!"를 외치던 양치기 소년 이야기를 알고 있을 거예요. 진짜 늑대가 나타났을 때 양치기 소년이 도와 달라고 소리를 질렀지만, 아무도 도와주러 오지 않았던 것은 사람들이 소년을 믿지 못하게 되었기 때문이에요. 여러분은 다른 사람과의 약속을 잘 지키고 있나요? 남이 나를 믿게 하는 것은 매우 중요한 일이에요. 특히 경제생활에서는 말이에요.

개성상인의 신용

　고려 시대 개성 땅에는 인삼, 약초, 포목 등을 중국에까지 파는 개성상인들이 있었어요. 개성상인들은 누구든지 믿을 수 있도록 자신들이 사고판 물건들과 가격을 장부로 정리했어요. 이는 당시 다른 상인들은 감히 생각하지 못했던 방법이었어요.

　중국 상인들과 인삼 거래를 할 때였어요. 국제적인 거래이기도 하고, 까다롭기로 소문난 중국 상인들이었기에 개성상인들은 바짝 긴장했어요. 그런데 중국 상인들의 표정은 참 밝았어요. 그간 중국 상인들은 개성상인들이 철저히 장부를 정리하고 인삼의 품질을 관리하는 모습을 지켜보았던 거예요.

　"자, 허약한 사람 건강하게 하고, 아픈 사람 낫게 하고, 늙은 사람 젊게 하는 고려 인삼! 개성 인삼이 왔습니다. 세상에서 가장 약효가 뛰어난 개성 인삼이 왔습니다. 개성 인삼 사세요!"

　"정말 개성 인삼의 효과가 그리 뛰어납니까?"

　"물론이지요. 개성 인삼의 약효는 정말 특별합니다."

당시 중국인들 사이에서는 개성 인삼의 약효가 널리 알려져 있었어요. 어느새 여기저기서 사람들이 몰려들기 시작했습니다.

"이게 바로 말로만 듣던 개성 인삼이라고요?"

"네, 이게 바로 개성 인삼이랍니다. 약효는 널리 알려져 있지요. 한 근에 스무 냥입니다. 이번에는 물량이 많지 않아 조금 비쌉니다."

"품질은 틀림없나요?"

"우리 개성상인들은 신용을 생명처럼 여기고 살아왔어요. 만약 약효가 없으면 나중에 돈을 돌려드리겠습니다."

"제품에 문제가 있으면 돈을 돌려준다고요?"

"네, 걱정 마세요. 당연히 그렇게 해 드려야지요."

개성상인들은 더 철저히 품질을 관리했습니다. 인삼을 먹는 방법을 알려 주고, 다른 약초를 덤으로 주기도 했지요.

개성상인들은 철저하게 신용 관리를 한 덕분에 인삼 값 외에도 이익을 볼 수 있었어요. 거래가 빠르게 이루어졌기 때문에 오래 머물며 숙박비를 낼 필요가 없었고, 많이 수량을 남기지 않고 팔았기 때문에 전체적으로는 더 이익을 얻을 수 있었지요. 중국 상인들과 더 큰 거래를 하기 위한 계기가 마련된 것도 큰 이익이었고요.

경제 이야기 — 신용을 지킨다는 것은?

개성상인들은 신용을 목숨처럼 지켜 중국 상인들의 마음을 얻을 수 있었어요. "신용이 자본이다"라는 말이 있습니다. '신용'이란 서로 믿는 것으로, 과거와 현재를 미루어 보아 앞으로도 약속을 지킬 것으로 믿는다는 뜻이에요. 즉 장래의 어느 시점에 그 대가를 치를 것을 약속하고 현재의 가치를 얻을 수 있는 내 능력이지요. 그래서 "내가 신용이 있다"는 말은 언젠가 내가 돈을 갚겠다고 약속하면 내 말을 믿고 상대방이 지금 내게 필요한 돈을 빌려 준다는 말이 됩니다.

그래서 신용은 곧 돈이 됩니다. 사람들은 옷, 전자 제품, 자동차, 집 등 필요한 물건을 지금 사기 위해 신용을 사용합니다. 회사는 기업을 확장하고 성장시키기 위해 신용을 사용합니다. 국가도 길을 닦고 지하철을 건설하고 다리를 놓고 학교를 짓는 데 신용을 사용합니다. 신용을 이용하여 필요한 물건은 바로 사고 돈은 나중에 약속한 날짜에 내는 것이지요.

그렇다면 신용은 어디서 얻을 수 있을까요? 은행, 회사, 가게, 개인들이 신용을 줄 수 있습니다. 은행은 고객들에게 여러 가지 형태의 신용을 제공하지요. 집을 담보로 돈을 빌려 주는 것, 물건 살 돈을 매월 조금씩 빌려 주는 것, 신용 카드를 만들어 주는 것 등이 모두 해당됩니다. 또 친구가 과자를 사 주고 과자 값을 나중에 갚도록 해 주었다면 친구는 여러분에게 신용을 준 것이지요. 물건을 신용으로 파는 가게도 마찬가지예요. 값비싼 물건을 신용으로 살 경우에는 물건 값의 일부를 먼저 내고 매달 조금씩 나누어서 나머지 돈을 이자를 붙여 천천히 낼 수도 있지요.

지구촌 시대, 정보화 사회에서는 신용이 경쟁력의 중요한 요소가 됩니다. 도장을 쓰던 문화에서 사인을 하는 문화로, 서류 문화에서 통신 문화로 흐름이 바뀌고 있고, 물건을 살 때에도 현금을 쓰기보다는 신용 카드를 쓰는 것이 일반화되고 있다는 점 등은 우리 사회가 이미 신용 사회로 가고 있다는 증거예요.

나라의 신용도 회사의 신용이나 개인의 신용만큼 중요합니다. 다른 나라와의 경쟁에서 이기기 위해서는 나부터 신용을 쌓고 유지하는 일에 힘써야 해요.

세상 속으로 신용 카드로 신용을 관리해요

　이제 신용 카드는 현대인의 필수품이 되어 버렸어요. 우리 어린이들은 아직 신용 카드를 만들 수 없지만, 부모님들이 신용 카드를 쓰는 모습을 많이 보았을 거예요. 신용 카드는 잘 쓰면 정말 편리합니다. 현금이 없더라도 물건을 살 수 있고, 지금 물건을 사고 얼마 후에 돈을 갚아도 되지요. 하지만 신용 카드를 잘못 쓰면 큰 문제가 생깁니다. 빚더미에 올라앉기도 하고 신용이 사라져 아무에게도 돈을 빌릴 수 없게 되어요.
　신용 카드를 바르게 사용하려면 주의할 점이 있습니다.
　첫째, 신용 카드는 필요한 만큼만 발급받아요. 신용 카드가 3장 이상 생기는 것은 주의해야 해요. 신용 카드가 여러 장 생기면 그만큼

빚을 많이 질 수 있어요. 당장 돈을 내지 않고도 물건을 마음껏 살 수 있으니 내가 버는 돈보다 더 많이 돈을 미리 써 버릴 수 있지요.

둘째, 짧은 기간 동안 신용 카드를 여러 장 만들면 좋지 않아요. 6개월 안에 3장 이상 카드를 발급받으면 나중에 은행에서 돈을 빌릴 때 불리할 수 있습니다. 돈을 빌릴 수 있는 금액도 적어지고요.

셋째, 카드를 쓰고 나서 돈은 꼭 제때 내야 해요. 연체는 안 돼요. 아무리 적은 액수의 돈이라도 제때 내지 않으면 신용이 떨어지고, 그런 일이 반복되다 보면 아예 신용 카드를 사용할 수 없게 됩니다.

넷째, 나에게 맞는 카드 한 장만 사용해요. 내가 제일 마음에 드는 카드를 한 장 골라 계속 사용하면 실적이 좋아져 카드 회사가 나를 단골로 생각하게 될 거에요. 그러면 단골들에게 주는 여러 가지 혜택을 받을 수 있게 되지요.

다섯째, 자동 이체를 이용해요. 자동 이체는 내가 날짜를 정해 놓으면 카드 회사가 그 날짜에 맞추어 자동으로 내 통장에서 카드 사용 금액을 빼 가는 서비스예요. 자동 이체를 이용하면 결제일마다 직접 카드 회사로 입금해야 하는 번거로움을 덜 수 있어 편리하고, 실수로 인한 연체를 막을 수도 있지요.

여섯째, 카드를 사용하고 나면 영수증을 반드시 보관해요. 카드로 구입한 물건을 교환하거나 환불할 때, 혹은 금액이 잘못 계산된 경우에도 영수증을 제시해 문제를 해결할 수 있지요.

경제가 보이는 퀴즈

1. 용철이는 빌린 돈이나 물건을 잘 돌려주지 않아서 친구들은 더 이상 용철이에게 돈과 물건을 빌려 주지 않으려고 합니다. 용철이가 잘 관리하지 못한 것은 무엇일까요? (   )

    ① 약속   ② 시간
    ③ 신용   ④ 책임

2. 신용 사회에 대해 바르게 설명하지 못한 것은 다음 중 어느 것일까요? (   )

    ① 정보화 사회에서는 신용이 중요한 경쟁력이다.
    ② 도장 문화에서 사인 문화로, 서류 문화에서 통신 문화로 달라졌다.
    ③ 현금 거래보다는 카드 거래가 일반화되고 있다.
    ④ 물건을 살 때 수표나 카드를 쓰기보다 현금으로 직접 거래하거나 물건을 교환하는 일이 더 많다.

3. 다음 중 신용 카드를 제대로 사용한 모습이 아닌 것은 어느 것일까요? (   )

    ① 신용 카드로 사용한 돈이 연체되지 않게 잘 관리한다.
    ② 나에게 제일 잘 맞는 카드 한 장만 이용한다.
    ③ 무엇을 살지 계획을 세워 신용 카드를 사용한다.
    ④ 신용 카드는 가능한 한 여러 장 만들어 다양하게 활용한다.

정답 1.③ 2.④ 3.④

쏙쏙! 경제 용어

경제 성장

생산과 소비가 계속 늘어나서 경제가 발전하고 사람들이 풍요롭게 잘살게 되는 것입니다. 경제가 성장하면 국민 소득, 국내 총생산 같은 국민의 경제 규모가 점점 확대되어 갑니다. 경제 성장률은 보통 1년 동안 우리나라 안에서 생산한 재화와 서비스의 총합계를 작년과 비교해서 얼마나 증가 또는 감소했는지를 비율로 나타냅니다.

기업가 정신

이익을 얻을 목적으로 기업에 자본을 대고 경영하는 기업가가 새로운 일에는 위험이 닥칠 수 있다는 것을 알고 있지만 어려운 환경을 헤쳐 나가면서 기업을 키우려는 뚜렷한 의지를 말합니다.

길드

중세 서유럽의 각 도시에서 발달한 상인과 수공업자들의 상호 부조적인 동업 조합입니다. 길드는 중세 도시가 성립하여 발전되는 과정에서 중요한 역할을 하였습니다.

노동 생산성

일정 시간에 투입한 노동량과 그 성과인 산출량에 대한 비율을 말합니다. 즉 일하는 사람 1명이 만들어 내는 가치를 뜻합니다.

분업

물건을 만드는 과정을 여러 부분으로 나누어 자기가 맡은 부분만 전문적으로 일하는 방식입니다. 분업에는 사회적 분업과 기술적 분업이 있습니다. 사회적 분업이란 개인 또는 집단의 성격에 따라 사회의 생산 부문을 맡아 나누는 것이고, 기술적 분업은 하나의 생산 과정을 여러 개로 나누어서 각자 담당하는 것입니다.

브랜드

판매자가 자기 상품을 다른 경쟁자의 상품과 구별하기 위하여 사용하는 표시로서 명칭, 기호, 디자인 모두를 가

리키는 말입니다. 브랜드 중에서 법적으로 배타적 사용권, 즉 자신만 사용하고 다른 사람은 사용할 수 없는 권리를 보증받은 것을 상표라고 합니다. 호치키스, 스카치테이프, 에프킬라 등은 브랜드가 널리 알려져 해당 제품군을 상징하는 말로 쓰이게 된 경우입니다.

생산

우리 생활에 직접 또는 간접적으로 필요한 물건과 서비스를 만들어 내는 행위를 말합니다. 생산을 하기 위해서는 노동, 토지, 자본의 3가지 요소가 필요합니다.

생산성

투입된 생산 요소에 의해 생산되는 생산물 양의 비율입니다. 비용을 최소로 들이고 최대의 결과를 얻게 되면 생산성이 높다고 말합니다.

소득

노동, 토지, 자본 등의 생산 요소를 제공하고 그 대가로 얻는 재화입니다. 즉 일을 하거나 내가 가지고 있는 자본 등을 이용해서 번 돈이 소득입니다. 개인은 노동을 제공하여 근로 소득을 얻을 수 있고 또 토지, 자본을 제공하여 재산 소득을 얻을 수 있습니다.

신용

일반적으로 남을 믿는 것을 의미하지만, 경제에서 신용이란 거래할 때 물건을 먼저 주고 돈을 나중에 내는 거래 또는 지금 돈을 빌려 주면 제때에 돈을 갚을 수 있는 능력을 갖고 있다고 인정하는 것을 말합니다.

용역

재화 이외에 생산과 소비에 필요한 노동을 제공하는 것, 즉 서비스를 말합니다. 공사장이나 공장에서 하는 일은 물론, 그런 노동을 위해 필요한 사무 그리고 은행이나 병원에서 제공받는 서비스들도 용역의 예입니다.

유한 회사

원칙적으로 사원이 출자 금액 즉 자금을 낸 만큼 책임을 지고, 회사의 채권자에 대해서는 아무런 책임도 지지 않는 사원으로 구성된 회사를 말합니다. 50명 이내의 사원들로 이루어져 있습니다.

이윤

기업이 거둔 총수입에서 전체 생산비를 빼고 남은 금액을 말합니다. 즉 최종 상품의 가격에서 생산비를 뺀 금액이 이윤이 됩니다. 기업이 생산 활동을 하는 주된 목적이 바로 이익, 이윤을 남기려는 것입니다. 생산비는 생산에 필요한 모든 비용, 노동에 대한 임금, 토지에 대한 지대, 원자재를 사는 자본에 대한 이자 등을 모두 포함합니다.

재화

필요로 하는 물건과 욕구를 채우기 위한 물건을 말합니다. 재화에는 소비재와 생산재가 있습니다. 소비재는 일상생활에서 소비하는 재화를 말하고, 생산재는 소비재를 생산하기 위해 사용하는 재화, 즉 다른 재화를 만드는 데 사용되는 재화를 말합니다.

주식

주식회사에서 자기 회사에 돈을 투자한 사람들에게 그 증거로 발행해 주는 증서입니다. 주식을 가지고 있는 사람들을 주주라고 부릅니다.

장인 정신

자기가 하고 있는 일에 전념하거나 한 가지 기술을 전공하여 그 일에 정진하려는 철저한 직업 정신을 말합니다. 지극한 정성으로 뛰어난 물건을 만들어 내겠다는 마음가짐입니다.

주식회사

여러 사람이 돈을 투자하여 운영하는 회사를 말합니다. 돈을 낸 사람들은 자기가 출자한 돈만큼 회사의 주식을 갖는데, 이들을 주주라고 부릅니다. 회사가 이익을 내면 주주들은 가진 주식 수에 따라 배당금을 받습니다. 주주는 회사 운영에 필요한 자금을 내는 출자 의무는 가지지만, 회사의 채무에 대해서는 책임을 지지 않습니다.

지식 정보 사회

공장에서 생산한 물건을 중심으로 움직이던 산업 사회와 달리 눈에 보이지 않는 정보와 지식을 생산하고 보급하는 사회를 말합니다.

회계법인

개인이나 기업의 경제 활동 상황을 기록하고 계산하는 일을 전문적으로 할 수 있는 자격을 갖춘 사람이 공인 회계사입니다. 회계 법인은 이 공인 회계사들이 10명 이상 모여 공동으로 운영하는 법인으로 회계, 세무 업무를 조직적이고 전문적으로 수행하기 위한 단체입니다. 법인이란 법률에 의해 권리 능력이 인정된 단체 또는 재산을 말합니다.

합명회사

원칙적으로 모든 사원이 경영에 참여하고, 회사의 채무에 대해서도 직접, 연대, 무한 책임을 져야 하는 회사를 말합니다. 합명 회사는 이런 책임을 지는 무한 책임 사원 2인 이상으로 구성됩니다.

찾아보기

ㄱ

개인 기업	38
거짓 광고	81
경쟁력	51, 70, 90, 100
경제 발전	50, 81
경제 성장	89
경제 성장률	89
과대 광고	81
광고	14, 81
광고 선진국	81
광고 전략	81
고유 브랜드	79
교환	51
국제 경쟁력	70
기술	25, 28, 53, 60, 69, 72
기술 진보	83, 89, 95
기술적 분업	89
기업	50
기업 자산	26, 37, 43, 51, 53, 59
기업가 정신	62, 79, 82
기술 혁신	81
길드	43, 60

ㄴ

노동	60
노동 생산성	69
농업 혁명	16

ㄷ

담보	19
도전 정신	99
도제	60
동업 기업	69

ㅁ

마스터	38

ㅂ

분배	69
분업	20
분업화	49
브랜드	62
브랜드 가치	53, 79
브랜드 시대	82

ㅅ

사명감	79
사회적 분업	73
산업 사회	49
산업 혁명	60
상공업자	90
생산	69
생산성	15, 18, 28, 37, 49, 60, 62, 70, 81
생산의 3요소	25, 90
생활의 질	16

서류 문화	85
서비스	100
소득	15, 40, 89
소비	17
수공업자	39, 89
스폰서	70
신석기 혁명	19
신용	99
신용 카드	99, 101
신용 사회	100

ㅇ

연체	102
영수증	102
용역	15
유통	20
유한 회사	38
이윤	37, 59
인력	28, 51
일자리	63

ㅈ

자동이체	102
자동화	62, 91
자본	16, 51, 53, 59, 99
장인	69, 71
장인 정신	69, 71
재화	15
저니먼 제도	69
전문화	49, 53
정보화 사회	100
정신력	72
제2의 생산	81
제품의 가치	75
조합	69
조합원	70
주식	30, 39, 81
주식회사	38
주주	39
지구촌 시대	51, 100
지식 정보 사회	62
직공	70
직업 정신	69

ㅌ

토지	16, 26
통신 문화	103
투자	30, 42, 59, 79, 83

ㅍ

품질	62, 73, 79

ㅎ

합명 회사	38
혁신	27, 40, 60, 90
현금	100, 101
회계 법인	38
회사 기업	38

『생각학교 초등 경제 교과서』와 초등학교 사회 교과서 연계표

1권 | 시장 경제 보이지 않는 손이 마술을 부려요

- 1장 | 희소성과 선택 다 가질 수는 없어요
- 2장 | 합리적 소비 만족은 크게, 후회는 적게
- 3장 | 절약과 저축 알뜰한 우리 집을 만들어요
- 4장 | 소비자 주권 소비자는 왕이에요
- 5장 | 수요 가격이 내리면 많이 사요
- 6장 | 공급 비싸게 많이 팔고 싶어요
- 7장 | 수요의 가격 탄력성 가격 변동에 따라 수요량이 변해요
- 8장 | 시장과 경쟁 더 나은 발전을 위해 경쟁해요
- 9장 | 가격 보이지 않는 손의 마술

2권 | 기업과 기업가 정신 우리 사회를 발전시켜요

- 1장 | 생산 물건과 서비스를 만들어요
- 2장 | 생산성 적은 비용으로 큰 성과를 거두어요
- 3장 | 기업 언제나 이익을 추구해요
- 4장 | 분업과 전문화 일을 나누어 효율을 높여요
- 5장 | 기업가 정신 도전하고 모험해요
- 6장 | 장인 정신 한 가지 일에 몰두해요
- 7장 | 브랜드와 광고 제품의 가치를 높여요
- 8장 | 경제 성장과 기술 진보 생활의 질이 높아져요
- 9장 | 신용 신용을 지켜요

3권 | 돈의 흐름 돈은 어디로 갈까

- 1장 | 교환 서로 바꾸어 써요
- 2장 | 화폐 돌고 돌아 돈이에요
- 3장 | 자본 모든 일에는 종잣돈이 필요해요
- 4장 | 주식회사 주식을 가지면 회사의 주인이 돼요
- 5장 | 투자 미래의 이익을 기대해요
- 6장 | 금융 기관 돈을 빌릴 때 찾아가요
- 7장 | 한국은행 은행들의 은행이에요
- 8장 | 인플레이션과 디플레이션 돈의 가치와 물가가 오르락내리락해요
- 9장 | 보험 나쁜 일을 미리 대비해요

4권 | 정부의 경제 활동 우리 경제를 위해 노력해요

- 1장 | 국내 총생산(GDP) 나라 경제의 규모를 알 수 있어요
- 2장 | 재정 나라도 살림을 해요
- 3장 | 세금 나라에 돈을 내요
- 4장 | 사회 보장 제도 요람에서 무덤까지 지켜 주어요
- 5장 | 사회 간접 자본 경제 활동을 위해 꼭 필요해요
- 6장 | 절약의 역설 무조건 아끼는 것이 정답은 아니에요
- 7장 | 시장의 실패 시장도 해결하지 못하는 것이 있어요
- 8장 | 정부의 실패 작지만 효율적인 정부가 필요해요
- 9장 | 실업 일자리가 필요해요

5권 | 지구촌 경제 꼬리에 꼬리를 물어요

- 1장 | 자유 무역 자유롭게 서로 사고팔아요
- 2장 | 보호 무역 자기 나라의 산업을 보호해요
- 3장 | 국제 수지 다른 나라와 거래해 돈을 주고받아요
- 4장 | 환율 외국 돈과 우리 돈을 바꾸는 비율이에요
- 5장 | 지구촌 경제 세계 경제는 밀접히 연관되어 있어요
- 6장 | 경제 통합 함께 힘을 모아 경쟁해요
- 7장 | 지속 가능한 성장 환경을 생각하며 경제를 발전시켜요
- 8장 | 지구 온난화 지구가 점점 따뜻해져요
- 9장 | 인터넷과 전자 상거래 인터넷 세상에서 사고팔아요

학년	단원영역	내용요소	『생각학교 초등 경제 교과서』에서는?
3학년	1학기 2단원 우리가 알아보는 고장 이야기 1학기 3단원 교통과 통신 수단의 변화	고장의 생활 모습·무형 문화유산·교통과 통신 수단의 변화·시설·직업신	② 기업과 기업가 정신 - 6장 장인 정신 ④ 정부의 경제 활동 - 5장 사회 간접 자본 ⑤ 지구촌 경제 - 9장 인터넷과 전자 상거래
	2학기 1단원 환경에 따라 다른 삶의 모습 2학기 2단원 시대마다 다른 삶의 모습	농사·도로·항구·용수·염전·수확·고장 사람들이 하는 일·의식주·생활 도구·농사 도구	① 시장경제 - 5장 수요 / 6장 공급 ② 기업과 기업가 정신 - 1장 생산 / 2장 생산성 / 4장 분업과 전문화 / 8장 경제 성장과 기술 진보 ④ 정부의 경제 활동 - 5장 사회간접 자본
4학년	1학기 1단원 지역의 위치와 특성 2학기 1단원 촌락과 도시의 생활 모습 2학기 2단원 필요한 것의 생산과 교환 2학기 3단원 사회 변화와 문화의 다양성	중심지·교통·산업·상업·관광 농업·어업·임업·서비스업·일자리·일손 부족·교류·특산품·관광 산업·상호 의존·경제 활동·선택의 문제·자원의 희소성·생산 활동·소비·시장·상품·생산지·원산지·경제적 교류·저출산·고령화·정보화·세계화	① 시장경제 - 1장 희소성과 선택 / 2장 합리적 소비 / 3장 절약과 저축 / 4장 소비자 주권 / 5장 수요 / 6장 공급 / 7장 수요의 가격 탄력성 / 8장 시장과 경쟁 / 9장 가격 ② 기업과 기업가 정신 - 1장 생산 / 2장 생산성 / 장 기업 / 4장 분업과 전문화 / 7장 브랜드와 광고 ③ 돈의 흐름 - 1장 교환 / 2장 화폐 / 3장 자본 / 6장 금융 기관 / 7장 한국은행 ⑤ 지구촌 경제 - 1장 자유무역 / 6장 경제 통합 / 9장 인터넷과 전자 상거래
5학년	1학기 1단원 국토와 우리 생활 1학기 2단원 인권 존중과 정의로운 사회	산업화·공업 도시·수공업·중화학 공업·첨단 산업·물류 산업·교통과 산업·일자리·사회 보장 제도·식품위생법·저작권법·납세의 의무·근로의 의무	① 시장경제 - 4장 소비자 주권 ② 기업과 기업가 정신 - 8장 경제 성장과 기술 진보 ④ 정부의 경제 활동 - 2장 재정 / 3장 세금 / 4장 사회 보장 제도 / 5장 사회 간접 자본 / 9장 실업
	2학기 1단원 옛사람들의 삶과 문화 2학기 2단원 사회의 새로운 변화와 오늘날의 우리	교역·기술 교류·농업·실학·상공업·통상	② 기업과 기업가 정신 - 1장 생산 / 2장 생산성 / 6장 장인 정신 / 8장 경제 성장과 기술 진보 / 9장 신용 ⑤ 지구촌 경제 - 1장 자유무역
6학년	1학기 2단원 우리나라의 경제 발전	가계·기업·합리적 선택·생산·소비·경제 활동·비용·이윤·소득·시장·자유와 경쟁·경제 체제·경제 성장·경제 정의·수출·수입·무역·산업·국내 총생산·한류·경제적 양극화·경제 안정·경제 교류·자본·기술·원산지·생산지·경제생활·국가 간 경쟁·상호 의존성	① 시장경제 - 1장 희소성과 선택 / 2장 합리적 소비 / 4장 소비자 주권 / 5장 수요 / 6장 공급 / 8장 시장과 경쟁 / 7장 수요의 가격 탄력성 / 9장 가격 ② 기업과 기업가 정신 - 1장 생산 / 2장 생산성 / 3장 기업 / 5장 기업가 정신 / 7장 브랜드와 광고 / 9장 신용 ③ 돈의 흐름 - 1장 교환 / 2장 화폐 / 3장 자본 / 4장 주식회사 / 5장 투자 / 8장 인플레이션과 디플레이션 / 9장 보험 ④ 정부의 경제 활동 - 1장 국내 총생산(GDP) / 2장 재정 / 3장 세금 / 4장 사회 보장 제도 / 5장 사회간접 자본 / 6장 절약의 역설 / 7장 시장의 실패 / 8장 정부의 실패 / 9장 실업 ⑤ 지구촌 경제 - 1장 자유무역 / 2장 보호 무역 / 3장 국제 수지 / 4장 환율 / 5장 지구촌 경제 / 9장 인터넷과 전자 상거래
	2학기 1단원 세계 여러 나라의 자연과 문화	산업·생활 모습·상호 의존 관계·경제 교류·경제 협력	② 기업과 기업가 정신 - 1장 생산
	2학기 2단원 통일 한국의 미래와 지구촌의 평화	자원·기술력·남북 경제 교류·지구촌 환경 문제·친환경적 생산과 소비	⑤ 지구촌 경제 - 1장 자유무역 / 5장 지구촌 경제 / 6장 경제 통합 / 7장 지속 가능한 성장 / 8장 지구 온난화

사진출처
서터스톡 www.shutterstock.com
creative commons creativecommons.org
한국저작권위원회 자유이용사이트 freeuse.copyright.or.kr